GERMANICUS,

TRAGÉDIE

EN CINQ ACTES ET EN VERS.

DE L'IMPRIMERIE DE J.-B. IMB
RUE DE LA VIEILLE-MONNAIE, N° 1

ERMANICUS,

TRAGÉDIE

EN CINQ ACTES ET EN VERS,

PAR A.-V. ARNAULT.

REPRÉSENTÉE
COMÉDIENS FRANÇAIS ORDINAIRES DU ROI,
LE 22 MARS 1817.

Breves et infaustos populi romani amores.
TACITE.

PARIS,
UMEROT, JEUNE, LIBRAIRE,
alais-Royal, galerie de bois, n° 188.
1817.

PERSONNAGES.	ACTEURS
GERMANICUS, fils adoptif de Tibère, gouverneur général des provinces romaines en Orient.	M. *Talma.*
AGRIPPINE, son épouse.	Mlle. *Duchesnois*
PISON, gouverneur particulier de Syrie.	M. *St.-Prix.*
SENTIUS-SATURNINUS, sénateur romain.	M. *St.-Eugène.*
SÉJAN, ministre et favori de Tibère.	M. *Desmousseaux*
PLANCINE, épouse de Pison.	Mlle. *George.*
MARCUS, fils de Pison.	M. *Michelot.*
VÉRANIUS, ami de Germanicus.	M. *Firmin.*
Plusieurs conjurés.	
Un premier conjuré.	M. *David.*
Un second conjuré.	M. *Dumilâtre.*
Amis de Germanicus.	Personnages muets
Enfans de Germanicus.	
Soldats, Licteurs.	
Peuple.	
Femmes de la suite d'Agrippine.	

La Scène est à Antioche.

GERMANICUS,

TRAGÉDIE

EN CINQ ACTES ET EN VERS.

Les formalités voulues par les lois et règlemens concernant l'imprimerie et la librairie, ont été remplies : je déclare que je poursuivrai devant les tribunaux les contrefacteurs ou débitans d'éditions contrefaites, et que tous les exemplaires seront paraphés par l'éditeur.

DE L'IMPRIMERIE DE J.-B. IMBERT,
RUE DE LA VIEILLE-MONNAIE, N° 12.

GERMANICUS,

TRAGEDIE.

(Le Théâtre représente un vestibule auquel plusieurs appartemens aboutissent. Sur l'un des côtés est le tribunal où siége Germanicus; de l'autre s'élève une statue d'Auguste, devant laquelle est un autel. On aperçoit la ville par-dessus les draperies suspendues aux colonnes qui ferment le péristyle.)

ACTE PREMIER.

SCENE PREMIERE.

(Le jour n'est pas encore levé.)

SÉJAN, SENTIUS.

SENTIUS.

Vous, Séjan ! vous, l'ami du maître de la terre,
Des secrets de César vous le dépositaire,
Sous l'obscur vêtement qui semble vous cacher,
Loin de Rome, en ces murs, que venez-vous chercher?
Quels projets....

SÉJAN.

Sentius, c'est pour vous en instruire
Qu'avant le jour ici je me suis fait conduire.
Un grand dessein m'amène aux murs d'Antiochus.
Mais avant tout, parlez, que fait Germanicus?
Que fait Pison?

SENTIUS.

Jamais leur mésintelligence
Ne se manifesta par plus de violence;
Pison...... vous connaissez ce caractère ardent,
Cachant sous un front grave un esprit imprudent,
Egaré par l'orgueil en sa marche incertaine,
Et dans tout inconstant, excepté dans la haine.

SÉJAN.

Eh bien?

SENTIUS.

Joignant enfin les effets aux discours,
A ses fougueux transports laissant un libre cours,
Jamais par tant d'excès, même en cette province,
Pison n'avait bravé la majesté du prince.
Sans doute on vous a dit, qu'imprudent une fois,
Ce prince avait enfreint les rigoureuses lois
Qui des plaines d'Isis lui défendent l'entrée.
Trop sensible aux malheurs d'une triste contrée
Que l'empereur lui seul a droit de consoler,
Aux rivages du Nil il crut pouvoir voler;
Des bouches de ce fleuve aux roches menaçantes
Qu'à Sienne il franchit de ses eaux mugissantes,
Tandis que l'on voyait l'héritier des Césars
De sa sollicitude étendre les regards;
Tandis qu'on le voyait, innocemment peut-être,

Donnant en bienfaiteur ce que refuse un maître,
Sans l'appareil qui suit ou la crainte ou l'orgueil,
A tous les opprimés faire un égal accueil;
Opposer aux abus sa rigueur généreuse,
Et surtout alléger la loi trop onéreuse,
La loi que sans pitié nous appesantissons
Sur l'Egypte, affamée au milieu des moissons;
L'impétueux Pison, resté seul en Syrie,
Bien plus que la prudence écoutant sa furie,
Changeait l'ordre établi, sans but, sans autre effet
Que d'effacer partout ce qu'un autre avait fait;
Dans son orgueil jaloux, croyant porter sa place
Au-dessus du pouvoir qu'affrontait son audace.
Le prince à son retour, de ses yeux indignés,
Cherche en vain ses amis par l'exil éloignés;
Il entend la cité qu'il avait protégée,
Réclamer de ses lois la justice abrogée.
Dans son juste courroux, devant son tribunal
Il cite un lieutenant qui s'est cru son égal.
Pison, toujours superbe, hésite, délibère
S'il doit céder au fils d'Auguste et de Tibère;
Quand, frappé tout à coup par un mal inconnu,
Sur les bords de la tombe à trente ans parvenu,
Germanicus pâlit. Son épouse alarmée
Jette un cri que répète et le peuple et l'armée.
Tout s'émeut; on s'empresse aux pieds des Immortels;
Les plus précieux dons surchargent leurs autels;
De vœux et de sanglots leurs temples retentissent;
Vingt nations, sur qui leurs coups s'appesantissent,
Confondent leur douleur..... Le Sarmate inhumain
S'étonne de prier pour les jours d'un Romain;

Et, du Tibre à l'Indus, on ne voit sur la terre
Qu'une famille en pleurs qui tremble pour un père.
A ce deuil qui s'accroît en raison du danger,
A ce commun effroi Pison reste étranger.
S'il implore des dieux les faveurs protectrices,
C'est aux dieux des enfers qu'il fait ses sacrifices.
Feindre même en public n'est pas en son pouvoir;
Quand on tremble, il sourit; et son farouche espoir,
Suivant que le mal presse ou suspend son ravage,
Prend l'accent de la joie ou celui de la rage.
Aux vœux du peuple enfin le héros est rendu.
L'encens fume; à grands flots le sang est répandu.
Pison l'apprend : parmi les prêtres qu'il disperse,
Il court au temple, il court aux autels qu'il renverse,
Outrageant, sans respect ni des droits ni des lieux,
Et le peuple et le prince, et César et les dieux :
Puis, à travers l'horreur dont la foule est saisie,
Insolemment tranquille, il gagne Séleucie.

Trois jours se sont passés depuis l'affreux moment
Qui signale à jamais ce triste événement;
Et nul indice encor ne nous a fait comprendre
Quel parti désormais Germanicus veut prendre.
Pison semble assuré de son impunité.
S'il ne s'abuse pas, de quelle autorité
D'Auguste en ces climats la race est-elle armée?
C'est ce qu'on se demande à la ville, à l'armée.
De quelques guerriers même, en secret convaincus
Qu'un autre que Pison poursuit Germanicus,
Déjà la discipline a reçu quelqu'atteinte.
Fidèles à César, s'il faut parler sans feinte,
En servant bien son fils ils croiraient le trahir,

Et mettent leur devoir à ne point obéir.

SÉJAN.

Et vous, seigneur, quel est en cette circonstance
Celui des deux partis que sert votre prudence?

SENTIUS.

D'un bruit qui s'accrédite en secret alarmé,
Séjan, dans mon devoir je me suis renfermé,
Sans blâmer comme aussi sans approuver personne;
Et j'attends pour agir ce que César ordonne.

SÉJAN.

Sur vous, sur votre foi quand il s'est reposé,
César, je le vois bien, ne s'est pas abusé.

SENTIUS.

César, quoi qu'il exige aujourd'hui de mon zèle,
Ne peut pas rencontrer un sujet plus fidèle.

SÉJAN.

Et ce zèle déjà n'a pas osé prévoir
Ce que va lui prescrire aujourd'hui le devoir?
Vous ne pénétrez pas, sans que je vous l'explique,
Le conseil qu'à César dicte la politique?

SENTIUS.

Poursuivez.

SÉJAN.

Dans le rang où le sort l'a placé,
Au milieu des périls dont il est menacé,
César ne doit-il pas, pour le bien de la terre,
Regarder comme fait le mal que l'on peut faire?

SENTIUS.

Comme vous je le crois.

SÉJAN.

Sur un audacieux

N'est-il pas temps qu'enfin Tibère ouvre les yeux ?

SENTIUS.

Il en est temps ; d'un fils il doit venger l'outrage.
Ce fils peut-être est-il plus généreux que sage ;
Mais l'indiscret désir dont il est animé
N'est après tout, seigneur, que celui d'être aimé.
Quant à Pison, Pison de qui l'audace extrême
Pour servir le pouvoir insulte au pouvoir même ;
Pison, qui de son chef hardi persécuteur,
Qui de son souverain plus hardi protecteur,
Rebelle autant qu'impie, a jusque dans un temple
D'un double sacrilége osé donner l'exemple :
Lui seul, seigneur, lui seul peut être dangereux.
Lui seul est criminel.

SÉJAN.

Ils le sont tous les deux.

SENTIUS.

Vous ne verriez entre eux aucune différence ?

SÉJAN.

Je les vois tous les deux égaux par la puissance.

SENTIUS.

De son devoir le prince est-il jamais sorti ?

SÉJAN.

S'il en voulait sortir, n'a-t-il pas un parti ?
N'en peut-il pas sortir en dépit de lui-même ?
L'étranger le chérit, le peuple romain l'aime,
Le sénat l'idolâtre, et leur commun appui
Peut à l'empire un jour le porter malgré lui.

SENTIUS.

Les vertus dont le ciel envers lui fut prodigue,
Son noble orgueil, son cœur étranger à l'intrigue,

Tout devrait de Tibère apaiser la terreur.

SÉJAN.

Dans ses craintes tout doit affermir l'empereur.
On craint, quand on connaît le peuple et ses caprices,
Les vertus d'un rival tout autant que ses vices.
Tibère ainsi le pense.

SENTIUS.

Et qu'a-t-il résolu?

SÉJAN.

De ne plus partager le pouvoir absolu;
De régner en Asie ainsi qu'il règne à Rome;
De réprimer Pison, de réprimer tout homme
Qui pourrait, s'il le veut, contre son souverain
Lever impunément une insolente main;
De gouverner par vous cette vaste province.

SENTIUS.

César auprès de lui rappelle donc le prince?

SÉJAN.

Le prince est plus à craindre à Rome encor qu'ici.
Il n'y rentrera pas.

SENTIUS.

S'il en doit être ainsi,
S'il est dans ces climats relégué par Tibère,
Quelle est l'autorité que César me confère?

SÉJAN.

Celle qu'un téméraire exerça trop long-temps;
Celle qu'il doit garder tant qu'il vivra.

SENTIUS.

J'entends.

SÉJAN.

On ouvre.

SENTIUS.

Vers ces lieux Germanicus s'avance.

SÉJAN.

Je ne dois pas encor paraître en sa présence.
Puisque vous m'entendez, seigneur, nous saurons bien
Renouer avant peu cet utile entretien.

(*Il sort.*)

SCENE II.

SENTIUS, GERMANICUS, MARCUS PISON; LICTEURS; suite.

GERMANICUS (*à Marcus.*)

J'estime vos vertus; c'est par leur entremise
Que l'Arménie enfin à son prince est remise;
J'en instruirai Tibère; et vous pouvez, Marcus,
Au rang de vos amis compter Germanicus.
Mais pour Pison cessez de me demander grâce.
En oubliant les droits de mon rang, de ma race,
Votre père me force à m'en ressouvenir;
Et lui seul rompt les nœuds qui devraient nous unir.
J'en gémis : pour fléchir cet âpre caractère,
J'ai fait, vous le savez, plus que je n'ai dû faire;
Mais plus j'accorde et plus il se montre exigeant.
M'a-t-il jugé timide à me voir indulgent?
La faute en est à moi. Dès le premier outrage,
Si d'un chef irrité j'avais pris le langage,
On ne l'aurait pas vu, bravant tout à la fois
La majesté des lieux, la sainteté des lois,

Insulter, au milieu d'Antioche alarmée,
Le magistrat du peuple et le chef de l'armée.
Depuis trois jours enfin que je tarde à punir,
De ses égaremens le voit-on revenir?
Pour fléchir ma puissance, à l'accabler contrainte,
A-t-il même daigné recourir à la feinte?
Tout est délibéré, Marcus, c'en est assez;
Les jours de la clémence à la fin sont passés.
Quoiqu'à regret encor, j'en prends à témoignage
Auguste dont ici nous encensons l'image;
Puisqu'à mon rang Pison n'a pas voulu donner
L'excuse qu'attendait mon cœur pour pardonner;
Puisqu'il cherche ma haine, enfin je la lui jure;
Il verra si je suis insensible à l'injure,
Si, pour le ramener au chemin du devoir,
Je manque de courage ou manque de pouvoir.
Après un tel éclat, je doute qu'il s'attende
A rester plus long-temps aux lieux où je commande.
Je l'exige, Marcus, qu'il en sorte aujourd'hui;
Qu'il en sorte, ou demain je marche contre lui.
Pour s'attacher l'armée, en vain sa politique
A banni de nos rangs la discipline antique;
Le désordre imprudent dont il veut s'étayer,
Peut affliger mon cœur et non pas l'effrayer.
Marcus, tout vrai Romain me restera fidèle;
J'en compte assez encor pour réduire un rebelle.
Vous êtes de ce nombre; et c'est vous que mon choix
Chargerait de venger et le culte et les lois,
Si le coupable, ami, n'était pas votre père.
Votre âme est, je le sais, ferme autant que sévère;
De votre dévoûment je ne saurais douter;

Mais à tous vos chagrins ai-je droit d'ajouter
Ceux qu'entraîne un effort presqu'au-dessus de l'homme,
Et qu'un Romain ne doit qu'au seul salut de Rome ?

MARCUS.

Prince, cette pitié, que votre noble cœur
Malgré son courroux même accorde à mon malheur,
Adoucit un moment les peines de mon âme.
Je connais mon devoir, je sais ce qu'il réclame ;
J'en rends d'autant plus grâce à cette humanité
Qui daigne en modérer l'affreuse austérité.
C'est de mon père seul que j'ai droit de me plaindre.
Vous défendez les lois, il ose les enfreindre ;
Et, si dans son erreur il s'obstine aujourd'hui,
Le cruel, il m'oblige à me perdre avec lui,
A partager, au gré du sort qui nous opprime,
Son malheur que j'épouse en détestant son crime.
(*Il sort.*)

SCENE III.

GERMANICUS, SENTIUS, VERANIUS ;
Suite.

GERMANICUS.

Pison méritait-il un fils si généreux !
(*à Veranius.*)
Quoi qu'il en soit, suivez mes ordres rigoureux.
Il importe au repos du peuple et de l'armée
Que l'Asie à Pison soit pour jamais fermée.

C'est par trop prolonger cet insolent débat.
(*à Sentius.*)
Demain vous partirez. Je dois compte au sénat,
Je dois compte à Tibère, en cette circonstance,
Non pas de ma rigueur, mais de mon indulgence
Avec un téméraire, en ces jours malheureux,
Moins coupable peut-être envers moi qu'envers eux.
Que Pison, cette fois, obéisse ou qu'il tremble.
Vous recevrez bientôt mon dernier ordre.
(*Il sort.*)

SCENE IV.

SENTIUS, *seul.*

Il semble
Qu'il ait lu dans mon cœur, et se fasse un plaisir
De le contrarier dans son secret désir.
A l'ordre qu'il me donne; il semble enfin qu'il sache
Quel intérêt puissant à ces lieux me rattache.
Ces honneurs, ce pouvoir, ce sang qui m'est promis,
Il doit les conserver tant qu'il vivra!..... Frémis.
Sur les bords de l'abîme où le destin t'entraîne,
Ah! si l'ambition conspire avec la haine,
Du piége épouvantable où s'engagent tes pas,
L'amour du monde entier ne te sauvera pas.
Que peut, infortuné, cet univers qui t'aime
Contre Pison, Tibère, et peut-être moi-même!

SCENE V.

SENTIUS, SÉJAN.

SÉJAN.

Au sort qui vous attend n'avez-vous pas pensé ?

SENTIUS.

Je pense à mon devoir.

SÉJAN.

César est offensé.
Son intérêt pour vous est le seul légitime.

SENTIUS.

J'ai pour Germanicus moins d'amour que d'estime.

SÉJAN.

S'il en devient indigne ?

SENTIUS.

Il a rompu nos nœuds.
Mais quoi, Germanicus n'est-il plus vertueux ?

SÉJAN.

Ce doute, je le crois, surprendrait fort Tibère.
Un fils innocemment fait-il trembler son père ?
Un prince innocemment... mais sur de tels secrets
Pourquoi donc arrêter nos regards indiscrets ?
Tibère a prononcé ; que voulez-vous encore ?
Ignorons, croyez-moi, ce qu'il veut qu'on ignore ;
Imprudent serviteur, voulez-vous aujourd'hui
Vous établir arbitre entre son fils et lui ?
Ah ! loin de consulter, dans le doute où nous sommes,
Cette équité qu'on doit au vulgaire des hommes,

Examinons, seigneur, d'un œil désabusé,
Quel est l'accusateur, et quel est l'accusé.
Songeons aux droits du trône, à cette politique
Qui fonde et qui maintient la sûreté publique,
Et sans éclat surtout s'applique à prévenir
Ces crimes qui, commis, ne peuvent se punir.
N'oublions pas enfin qu'ici tout est mystère;
Qu'un prince en voyant tout quelquefois doit tout taire,
Et, sous un voile épais, savoir habilement
Ainsi que le forfait cacher le châtiment.
Frapper sans bruit, seigneur, tel est l'ordre suprême.

SENTIUS.

Et cet ordre où doit-il s'accomplir?

SÉJAN.

Ici même.

SENTIUS.

Bientôt?

SÉJAN.

Dès aujourd'hui.

SENTIUS.

Quels moyens?

SÉJAN.

Les plus prompts.

SENTIUS.

Et sur qui comptez-vous?

SÉJAN.

Sur Pison. Ses affronts....

SENTIUS.

Un grand prix l'attend donc pour un si grand service?

SÉJAN.

Vous ne l'envîrez pas.

SENTIUS.

Mais encor, la justice.....

SÉJAN.

Ne vous dit-elle pas qu'aux yeux de l'empereur
Pison est un objet et de crainte et d'horreur ?

SENTIUS.

Pison !

SÉJAN.

Par lui César veut perdre un téméraire ;
Mais refusera-t-il aux larmes de la terre
Le sang d'un furieux, exécrable aux Romains,
Qui dans le sang d'Auguste aura trempé ses mains?
A l'y déterminer nos efforts doivent tendre.

SENTIUS.

De moi, je vous l'ai dit, César peut tout attendre.

SÉJAN.

Contraint (vous en devez pénétrer la raison)
De fuir jusqu'au succès les regards de Pison,
C'est aussi par vos soins, c'est par leur entremise
Que je veux terminer cette grande entreprise,
Dont vous devez bientôt recueillir tout le fruit.

SENTIUS.

Il importe, avant tout, que vous soyez instruit
Des obstacles nombreux qu'il faudra....

SÉJAN.

Je les brave.
Sentius, sous le nom et l'habit d'un esclave,
Je puis tout ; cet anneau, remis entre mes mains,
Change mes volontés en décrets souverains.
C'est le sceau de César, qui confirme d'avance
Tout ce que j'aurai fait pour servir sa puissance.

Nos succès toutefois ne me paraîtront sûrs
Que quand Pison sera revenu dans ces murs.

SENTIUS.

Apprenez donc, seigneur, qu'à nos projets funeste,
Un ordre le bannit de l'Orient.

SÉJAN.

Qu'il reste.
Il ne doit pas quitter encor ces régions.
Qu'il revienne ici même au cri des légions.
Il leur plaît : vous savez qu'il s'est fait une étude
De flatter tous les goûts de cette multitude,
Qui, pour son corrupteur contre son général,
Prête à s'armer, seigneur, n'attend plus qu'un signal:
Donnons-le.

SENTIUS.

Mais le prince a parlé. Sa menace
Du fier Pison peut-être étonnera l'audace.
Son fils qui la lui porte en est intimidé.
Peut-être qu'au départ il l'aura décidé;
Son fils, qui, du devoir observateur sévère,
Ne respecte pas moins son prince que son père.

SÉJAN.

N'importe! je n'en crains aucune trahison,
Si Plancine, seigneur, est auprès de Pison.

SENTIUS.

Cette femme, il est vrai, que dévore l'envie,
Et qu'enhardit sur-tout l'amitié de Livie,
Porte un cœur plus féroce encor que son époux.
Pour présenter la coupe, ou pour frapper les coups,
On pourrait au besoin s'en fier à son zèle.
Le mal même inutile a des attraits pour elle.

SÉJAN.

Que sera-ce aujourd'hui, que ce premier attrait
Va se fortifier d'un plus grand intérêt,
Et qu'en perdant l'objet offert à sa colère,
Elle croira gagner la faveur de Tibère?

SENTIUS.

Sans perdre un seul moment, seigneur, je vais la voir.

SÉJAN.

Allez donc; réveillez sa crainte et son espoir.
Prouvez-lui que sa perte, aujourd'hui résolue,
Peut par celle du prince être encor prévenue;
Qu'on ne peut, pour sortir de cette extrémité,
Frapper un coup trop fort et trop précipité.
Irritez son humeur inquiète et jalouse
Contre Germanicus et contre son épouse
Qui, du noble Agrippa digne postérité,
Et chère aux légions par sa fécondité,
Partage avec l'objet de sa tendresse austère
La haine de la cour et l'amour de la terre.
Que Plancine, en un mot, en son aveuglement,
D'un projet qui la perd se fesant l'instrument,
Entraîne son époux sur les bords de l'abîme
Où Pison doit tomber en poussant sa victime.

SENTIUS.

Vos vœux seront remplis.

(*Il sort.*)

SCENE VI.

SÉJAN, *seul.*

O pouvoir ! ô grandeurs !
Quel charme exercez-vous sur presque tous les cœurs !
Sur tous ! Bien que le sage autrement en décide,
Le moins ambitieux n'est que le plus timide.
Esprit faible, effrayé de ce qu'il faut braver
Et pour vous acquérir et pour vous conserver,
Il feint de mépriser ce qu'il ne peut atteindre.
Dévoré d'une soif que rien ne peut éteindre,
Paré selon les temps de vices, de vertus,
Le reste, sur les pas des Césars, des Brutus,
Par des chemins divers poursuit le rang suprême,
Et par fois le surprend dans la liberté même.
Je les imiterai quand il en sera temps,
Quand, pour déterminer les esprits inconstans,
Il ne me faudra plus qu'un titre qui déguise
Et le but et l'effet de ma haute entreprise.
A commander aussi je me sens destiné.
Qui m'en empêcherait ? Séjan, n'es-tu pas né
Plus éloigné du rang où ton choix délibère
Qu'à présent tu ne l'es du trône de Tibère ?
Quoi qu'il en soit, servons notre maître aujourd'hui ;
Frappons un coup qui va me rapprocher de lui ;

Dans un héros, proscrit par l'amour qu'il inspire;
Frappons un héritier de ce trône où j'aspire;
Pour trahir le tyran gardons-lui notre foi.....
N'ayons dans ce projet de confident que moi.

FIN DU PREMIER ACTE.

ACTE SECOND.

SCENE PREMIERE.

PLANCINE, MARCUS.

PLANCINE.

Oui, mon fils, Agrippine est faite pour l'empire ;
Comme vous je le crois, et comme vous j'admire,
En ses moindres discours et jusqu'en son maintien,
L'orgueil qu'elle a puisé dans un sang plébéien.
Toutefois je ne puis fléchir sous sa puissance.
La fierté des Plancus, auteurs de ma naissance,
Qu'à celle des Pisons mon cœur sait allier,
Jusqu'à ce point en moi n'apprit pas à plier.
Mais parlons du motif qui dans ces lieux m'amène,
Ces lieux où je n'inspire et ne sens que la haine ;
C'est vous, mon fils, vous seul que je viens y chercher.
D'un odieux parti je veux vous détacher.

MARCUS.

M'en détacher, madame, ah! cessez d'y prétendre.
D'un Romain, d'un soldat tout ce que peut attendre
Le prince dont il tient sa gloire et son bonheur,
Germanicus toujours l'a trouvé dans mon cœur ;
Et ses nombreux bienfaits, quel que soit votre blâme,
Lui donnent à jamais tout pouvoir sur mon âme.

Vous en étonnez-vous ? Votre esprit prévenu,
Dans ce héros, ma mère, aurait-il méconnu
Et ce vaste génie et ce grand caractère
Qui dans Jule annonçaient le maître de la terre ?
Actif, infatigable, invaincu comme lui,
Quand je le vois de Rome et l'amour et l'appui,
Tempérant la fierté des vertus héroïques
Par la simplicité des vertus domestiques,
Etre même adoré des rois qu'il a vaincus ;
J'admire, ah ! disons mieux, j'aime en Germanicus,
Jeune encor par son âge et vieux par ses services,
Les vertus de César affranchi de ses vices.
Quoi de plus ? Chaque jour semble multiplier
Les nœuds dont sa bonté se plaît à me lier.
Vous ne l'ignorez pas. C'est peu que mon courage
Sous lui de l'art de vaincre ait fait l'apprentissage ;
Quand aux bords du Weser nos aigles reparus
Effaçaient et vengeaient les malheurs de Varus,
Je dus aussi la vie à ses mains généreuses,
Dans l'une de ces nuits, à jamais malheureuses,
Où le commun effort et des vents et des eaux,
Au retour des vainqueurs dispersant leurs vaisseaux,
Couvrit la vaste mer de leur mille naufrages ;
Je crois l'entendre encore, à travers les orages,
Au bruit de la tempête entremêlant ses cris,
Redemandant aux flots, aux rochers, aux débris,
Ses braves compagnons livrés par la fortune
Des fureurs de Bellone aux fureurs de Neptune,
S'accuser de leur perte, et de vivre indigné,
Faire un crime au destin de l'avoir épargné.
Tels sont les droits du prince à ma reconnaissance.

PLANCINE.

Et ceux que m'a sur vous donnés votre naissance ?

MARCUS.

Mon cœur n'en a jamais mieux senti le pouvoir.
Mais ils ne me font pas oublier mon devoir ;
Mon devoir que je hais, mais dont la voix sévère
Dans mon cœur, malgré moi, s'élève contre un père.

PLANCINE.

Ainsi donc vous pensez qu'au mépris de son rang,
Qu'en dépit de l'orgueil que nous transmit son sang,
Pison doit s'avilir ?

MARCUS.

Les âmes les plus hautes
Croient s'honorer, madame, en réparant leurs fautes.
D'ailleurs, par quels moyens pourrait-il échapper
Aux maux de toutes parts prêts à l'envelopper ;
A cette alternative, également cruelle,
De partir en banni s'il ne reste en rebelle ?

PLANCINE.

Le sort, sous quelqu'aspect qu'on l'ose envisager,
Ne nous offre, en effet, que honte ou que danger.
Le danger fuit par fois l'audace qui l'affronte ;
Le danger ne peut rien sur l'honneur ; mais la honte !
L'asile qu'en ses bras cherche la lâcheté,
A quel horrible prix n'est-il pas acheté !
Du salut qu'on lui doit la longue ignominie
Non seulement du faible empoisonne la vie ;
Mais, plus durable encore avec le souvenir,
Elle poursuit son nom jusque dans l'avenir.
Je ne puis ni céder, ni supplier.

MARCUS.

Ma mère !
En cette extrémité que voulez-vous donc faire ?

PLANCINE.

Me perdre ou me sauver par quelque coup d'éclat.

MARCUS.

Le peuple est contre vous.

PLANCINE.

J'ai pour moi le soldat,
Qui sait ôter, mon fils, et donner la puissance.
Il m'est acquis, je crois, par la reconnaissance.

MARCUS.

Voilà donc vos projets ! Voilà donc votre espoir !
Grands Dieux ! que de malheurs me faites-vous prévoir !
Déplorable débat ! faut-il qu'il ne s'achève
Que par l'autorité de la force ou du glaive !
Ah ! craignez les secours que vous aura prêtés
Le caprice insolent des soldats révoltés ;
Des soldats qui, par vous instruits de leur puissance
Et dès lors affranchis de toute obéissance,
Contre l'ambitieux qui n'a pas d'autre appui
Tourneront tôt ou tard le fer tiré pour lui.
Si l'armée à ce point s'abandonnait au crime
Que d'arracher l'empire au prince légitime,
Au prince qu'elle fut instruite à révérer,
Quelle fidélité pourrait en espérer
L'insensé dont les droits à ce grand héritage
De la révolte seule auraient été l'ouvrage ?
Pense-t-il imposer à des séditieux
Un respect qu'ils n'ont pas pour le sang de nos Dieux ?

Et pour eux des faisceaux le possesseur injuste
Sera-t-il plus sacré qu'un petit-fils d'Auguste ?
Puissent, en leur pitié, les Dieux nous garantir
D'un succès que bientôt suivrait le repentir !
Pouvons-nous oublier que le même génie
En ces murs, dans la Gaule et dans la Germanie,
D'un excès dans un autre entraîne en un instant
De nos guerriers oisifs le vulgaire inconstant ?
Peuple armé, trop semblable à la foule incertaine,
Dont l'amour est fureur aussi bien que la haine,
Et qui, par les horreurs des plus sanglans transports,
Signale également son crime et ses remords.

PLANCINE.

Dans les camps, dans les murs, oui, de la multitude
Telle est, je le sais trop, la constante habitude ;
Oui, trop souvent ingrat, le peuple a déchiré
La généreuse main qui l'avait délivré ;
Oui, trop souvent au joug la milice échappée
Contre un libérateur a tourné son épée.
Mais tant d'infortunés, punis de leurs bienfaits,
Des assassins peut-être auraient bravé les traits,
S'ils avaient fait sentir à la foule en colère
L'ascendant qui partout suit un grand caractère,
Lui sert de bouclier jusque sous le couteau,
D'un regard foudroyant l'arme contre un bourreau ;
Intrépide vertu, tranquillité profonde,
Que n'étonnerait pas la ruine du monde.
Mais quoi ! le temps nous presse, et des dangers pareils
Demandent des secours, et non pas des conseils.
Parlons donc sans détours ; mon fils, par un courage,
Par des exploits peut-être au-dessus de votre âge,

Vous avez, sans faiblesse et sans profusions ;
Vous avez obtenu, parmi nos légions,
Un crédit que n'ont pas les plus vieux capitaines ;
Formerai-je, mon fils, des espérances vaines
En comptant, s'il me faut emprunter des soutiens,
Qu'en ce jour vos amis se rallîront aux miens ?

MARCUS.

Contre un persécuteur, ouï, s'il faut vous défendre,
Je suis, vous le savez, prêt à tout entreprendre ;
Mais vous savez aussi qu'un rebelle aujourd'hui,
Quel qu'il soit, ne saurait compter sur mon appui.

PLANCINE.

Trahirez-vous le sang qui vous donna la vie ?

MARCUS.

Vous ne trahirez pas le devoir qui nous lie.

PLANCINE.

Si le sort m'y contraint, que ferez-vous ?

MARCUS.

Le sort,
S'il vous contraint au crime, aura voulu ma mort.
Mais malgré vous, malgré la fortune, j'espère
Vous sauver, sans trahir ou mon prince ou mon père.
Et sans plus différer, madame.....

PLANCINE.

Où courez-vous ?

MARCUS.

Au devant de mon père, embrasser ses genoux.
Pour l'effrayer, ma mère, il suffit de lui dire
Les dangereux projets que ce jour vous inspire.

(*Il sort*).

SCENE II.

PLANCINE, *seule.*

Ingrat! plus ils sont grands les périls que je cours,
Plus je devrais pouvoir compter sur tes secours.
Sentius ne vient pas.... En ce péril extrême,
Lorsque mon propre fils s'arme contre moi-même,
Sur qui puis-je compter?... Ah! pourquoi sans besoin
Pison a-t-il poussé l'emportement si loin!
Traverser en secret tous les projets du prince;
Lui dérober sans bruit l'amour de la province;
De piéges ténébreux environner ses pas;
L'entourer d'ennemis qu'il ne soupçonne pas;
Par un zèle imposteur dissimulant sa haine,
Doucement le conduire à sa perte certaine;
C'est ainsi que peut-être on aurait évité
Ce choc de la révolte et de l'autorité:
Moyen dont le succès bien souvent est funeste,
Et le seul toutefois qui dans ce jour nous reste.
Mais je vois Sentius, que vient-il m'annoncer?

SCENE III.

PLANCINE, SENTIUS.

SENTIUS.

A rester dans ces murs il vous faut renoncer.
Car je ne pense pas, même en ces circonstances,
Que vous puissiez céder aux coupables instances

Du soldat à mourir pour vous déterminé,
Du soldat, qui vous offre en son camp mutiné
Un asile, où des lois que vous venez d'enfreindre
Le courroux, j'en conviens, ne saurait vous atteindre.

PLANCINE.

Qu'entends-je? Il se pourrait! Mais que vois-je, grands dieux!
N'est-ce pas Agrippine?

SCENE IV.

PLANCINE, SENTIUS, AGRIPPINE.

AGRIPPINE.

En croirais-je mes yeux?
Ainsi donc, au mépris des ordres légitimes
Qui ferment désormais ces remparts à vos crimes,
C'est peu pour votre orgueil que d'oser y rentrer;
Sans remords, sans terreur, on vous voit pénétrer
Jusqu'à ce tribunal que votre aspect profane.
Venez-vous y braver l'arrêt qui vous condamne?
Ou Pison pense-t-il que quelques factieux
Lui pourront obtenir, par leurs cris furieux,
Un pardon qu'à présent l'autorité suprême
Ne peut plus accorder à son repentir même?
A le désabuser je dois vous exhorter.

PLANCINE.

Quand jusqu'à la menace on l'a vu s'emporter,
On doit penser du moins que son âme est trop fière
Pour s'abaisser jamais jusques à la prière.
Soyez donc moins prodigue en conseils aujourd'hui,
Sinon pour moi, madame, inutiles pour lui.

Soit vice, soit vertu, Pison est inflexible.
Quant à moi, je l'avoue, un moment trop sensible
Aux malheurs que deux chefs, de leurs droits si jaloux,
Attireraient bientôt sur le peuple et sur nous;
Croyant que mon devoir d'épouse et de Romaine
Est non pas d'irriter, mais d'apaiser leur haine,
Peut-être à votre prince allais-je proposer......
A quels affronts, grands dieux, j'ai pensé m'exposer!
Et combien je rends grâce à l'avis salutaire
Que daigne me donner votre franchise austère!
Je le suivrai, madame, et je pars sans délais.
Mais, si la foule armée aux portes du palais
De l'exil où je cours me fermait le passage,
Souffrez que j'en appelle à votre témoignage,
Pour rejeter sur vous le sinistre avenir
Que j'ai prévu, madame, et voulu prévenir;
Et devant votre époux, qui vers ces lieux s'avance,
N'allez pas m'accuser de mon obéissance.

(*Elle sort.*)

SCENE V.

AGRIPPINE, GERMANICUS, SENTIUS, VERANIUS.

GERMANICUS *à Sentius.*

Partez, seigneur, partez sans perdre un seul instant,
Au port de Séleucie un vaisseau vous attend.
Faites voile vers Rome, et portez à Tibère
Cet écrit où ma main trace un récit sincère

Des projets, des fureurs, des attentats... Mais, quoi!
Que César lise et juge entre Pison et moi.
Cette cause, seigneur, que César s'en souvienne,
Est celle du pouvoir, et c'est surtout la sienne.

SENTIUS, (*à part.*)

Allons trouver Séjan.

GERMANICUS *à Veranius.*

Toi, cours aux factieux.
Peut-être on peut encor leur dessiller les yeux.
Je connais et je plains l'erreur qui les égare.
Que par le repentir cette erreur se répare ;
Et je puis faire grâce. Autrement aujourd'hui
Je dois rétablir l'ordre ou périr avec lui.

SCENE VI.

AGRIPPINE, GERMANICUS.

AGRIPPINE.

Qu'as-tu dit?

GERMANICUS.

Ce discours t'étonnerait?

AGRIPPINE.

Mon âme
Admire en ce discours la vertu qui t'enflâme;
Mais sans frémir, dis-moi, peut-elle envisager
Les périls où ce jour est prêt à t'engager?

GERMANICUS.

A la sévérité, va, si ce jour m'oblige,
Il t'épouvante moins encor qu'il ne m'afflige.

AGRIPPINE.

Tu ne prévois donc pas où pourra s'arrêter
Le feu qu'autour de nous je vois près d'éclater?

GERMANICUS.

Quand de la discipline, en son aveugle rage,
L'armée ose abjurer l'honorable esclavage;
Quand sa rébellion méconnaît une fois
La dignité des chefs, la sainteté des lois,
A l'erreur qui l'égare, et tôt ou tard l'obsède,
La seule lassitude est souvent le remède;
Mais avant qu'à ce joug, qu'il crut pouvoir changer,
Le soldat de lui-même accourre se ranger,
Avant que de remords sa faute soit suivie,
Que de forfaits auront signalé sa furie!
Elle éclate : ces cris, d'ici même entendus,
Ces cris des révoltés en nos murs répandus;
Ce fer, qui sans mon ordre en leurs mains étincelle,
Tout nous en avertit; tout ici me rappelle
Ces jours de sang, ces jours où le Rhin sur ses bords
Vit mes anciens soldats, par de pareils transports,
Armer contre eux des camps la justice inflexible.

AGRIPPINE.

L'outrage, la vengeance, hélas! tout fut terrible,
Dans ces jours de révolte et d'opprobre et d'horreur,
Où, dans le repentir retrouvant sa fureur,
Le rebelle entraînait le rebelle au supplice,
Et se faisait bourreau pour n'être pas complice!

GERMANICUS.

Cesse donc d'ajouter, aux trop nombreux tourmens
Qui déchirent mon cœur en ces affreux momens,

Les craintes qu'en ces lieux me donne ta présence.
J'ai besoin, tu le vois, de toute ma constance.
Si tu veux me la rendre, avant tout sauve-moi
Du malheur de trembler pour nos enfans, pour toi;
Et, loin de ces remparts où mon amour t'exile,
Hors du monde Romain va chercher un asile.

AGRIPPINE.

Moi fuir! En quels climats irais-je demander
L'asile que ton camp ne peut plus m'accorder?
De ses armes partout Rome a porté l'outrage;
Et, tu le sais trop bien, l'univers se partage
Entre un peuple vainqueur ennemi des humains,
Et cent peuples vaincus ennemis des Romains.
N'avons-nous pas à craindre, en ces périls extrêmes,
Les ennemis de Rome et les Romains eux-mêmes?

GERMANICUS.

Va, les Romains eux seuls sont nos vrais ennemis.
Mais loin d'eux un asile à ta fuite est promis.
L'Arménie à ma voix déjà te le prépare.
Son roi.....

AGRIPPINE.

Te confier à la foi d'un barbare,
Quand tu te vois trahi par tes propres soldats!

GERMANICUS.

Les barbares du moins ne sont pas des ingrats.
Le fils de Polémon tient de moi sa puissance,
Et nous pouvons compter sur sa reconnaissance.

AGRIPPINE.

Les peuples et les rois en ont-ils, cher époux?
Va, n'attendons rien d'eux et n'espérons qu'en nous.

GERMANICUS.

C'est être même injuste envers l'âge où nous sommes,
Que de douter ainsi du cœur de tous les hommes.
Pars sans plus différer.

AGRIPPINE.

Qui, moi ! t'abandonner.

GERMANICUS.

Je le veux.

AGRIPPINE.

Je ne puis.

GERMANICUS.

Faut-il te l'ordonner ?

AGRIPPINE.

T'ai-je donné le droit, par mon indifférence,
De compter aujourd'hui sur mon obéissance ?

GERMANICUS.

C'est ton amour lui seul que j'implore.

AGRIPPINE.

Cruel !
Au nom de cet amour si long-temps mutuel,
Cesse de m'imposer un devoir si pénible,
Un devoir que ton cœur trouverait impossible.
Méconnais-tu mes droits ? de l'hymen je les tiens.
Ces droits seraient-ils donc moins sacrés que les tiens ?
Tu ne le croyais pas dans les jours de ta gloire.
Je leur ai dû ma place en ton char de victoire ;
Je leur ai dû ma part dans les nombreux bienfaits
Dont la faveur d'Auguste a payé tes succès ;
Dans les périls qu'affronte aujourd'hui ton courage,
Comme dans ton bonheur, tu leur dois un partage.

Je l'exige. Ah! je vois ton grand cœur se troubler;
Quand tu trembles pour moi, pour toi je puis trembler.
Par pitié pour l'effroi qui de mon cœur s'empare,
Entre tous les malheurs que ce jour me prépare,
Accorde-moi du moins la faveur de choisir.
Ah! même entre tes bras dût la mort me saisir,
Ne me les ferme pas, barbare! je préfère
La mort qui sous tes yeux finirait ma misère
A ce funeste exil, où j'irais achever
Des jours que tu proscris en voulant les sauver.
Je ne te quitte pas; dussé-je être importune,
Je ne te quitte pas; partout où la fortune,
Partout où le pouvoir enchaînera tes pas,
En exil, à la mort, je ne te quitte pas.
Même au milieu des rangs où ton impatience
Va braver la révolte et punir la licence,
Je suivrai mon époux; l'épouse de Pison
Peut-être en ce moment y sert la trahison;
J'y servirai l'honneur; la vertu qui m'anime
N'aura pas moins d'audace aujourd'hui que le crime.
Marchons, si tu m'en crois; marchons, dis-je.

GERMANICUS.

Un moment.
Pourquoi t'abandonner à tant d'emportement?
Crains d'imiter Plancine en son délire extrême,
Et redoute l'excès jusqu'en la vertu même.
Que Plancine, oubliant cette timidité
Qui sied à la faiblesse ainsi qu'à la beauté,
Dépouille de son sexe et la force et la grâce,
Et courre aux yeux d'un camp étaler son audace,
Soit: mais que, sans mépris toi qui ne peux la voir,

Sur ses égaremens tu règles ton devoir!
Je dois m'en étonner. Ce n'est pas que je blâme
Toute intrépidité dans le cœur d'une femme,
Mais j'y veux le courage et non pas la fureur;
Et ce courage aussi doit avoir sa pudeur.
Ce courage, conforme à ton grand caractère,
Aux vertus d'une épouse, aux devoirs d'une mère,
Est celui d'obéir lorsque je te défends
De m'aimer plus que toi, plus que nos chers enfans,
Ces gages précieux d'une union féconde,
Cet espoir de l'armée, et de Rome et du monde,
Que l'amour et l'orgueil ne te permettent pas
D'exposer plus longtems aux fureurs des ingrats.
Sois mère. Les efforts qu'il te faut pour les suivre
Dans l'exil salutaire où près d'eux tu dois vivre,
Sont-ils plus douloureux, plus cruels que les miens,
Quand il faut m'arracher de leurs bras et des tiens!

SCENE VII.

AGRIPPINE, GERMANICUS, VERANIUS; *Femmes de la suite d'Agrippine; amis de Germanicus.*

VERANIUS.

La révolte, un moment à votre nom calmée,
Avec plus de fureur est partout rallumée,
Prince; dans les transports qui troublent sa raison,
Le soldat, à grands cris, redemande Pison,
Qui jusque dans ces murs vient vous braver lui-même.

GERMANICUS. *A ses amis et aux femmes de la suite d'Agrippine, en leur remettant Agrippine.*

Amis, guidez ses pas dans ce péril extrême;
Qu'elle parte, il le faut.

AGRIPPINE.

Moi!

GERMANICUS.

Reçois mes adieux.

AGRIPPINE.

Te quitter!

GERMANICUS.

(*à Veranius.*)

Il le faut! Marchons aux factieux.

(*Il sort après avoir remis Agrippine au cortége qui doit l'accompagner dans l'exil.*)

FIN DU SECOND ACTE.

ACTE TROISIÈME.

SCENE PREMIERE.

MARCUS, AGRIPPINE.

AGRIPPINE.

J'aime à le répéter, c'est vous dont le courage
Des révoltés, Marcus, a désarmé la rage;
C'est vous qui, prévenant de nouveaux attentats,
Sous le joug du devoir ramenez nos soldats.
Dans le camp, dans ces murs, la paix vient de renaître.
Mon époux vous la doit; je vous dois plus peut-être!

MARCUS.

Vous!

AGRIPPINE.

Moi, que cette paix ramène en ce séjour
Qu'avait à ma tendresse interdit son amour.

MARCUS.

Oui, réparant l'erreur qui causait vos alarmes,
Nos soldats à vos pieds ont déposé les armes;
Mais le remords subit d'où naît un si grand bien,
Madame, est votre ouvrage encor plus que le mien.
Malgré tous les efforts qu'avait tenté mon zèle,
Le trouble allait croissant; déjà l'aigle rebelle
S'élançait vers ces murs; déjà les factieux
Dirigeaient sur son vol leurs pas séditieux.

Traversant tout-à-coup leur marche sacrilége,
Vous paraissez : ce noble et malheureux cortége,
Ces femmes, ces enfans attachés à vos pas,
Le dernier de vos fils pleurant entre vos bras,
Fixent tous les regards... A ces cris qu'ils entendent,
Les soldats interdits s'arrêtent, se demandent :
Pourquoi ces pleurs ? pourquoi ce morne abattement?
Sans autre escorte, ainsi par quel évènement
Voyons-nous de César et l'épouse et la fille,
Dans l'exil avec elle entraîner sa famille?
Bientôt la voix publique apprend à ces ingrats
Que le prince, doutant de ses propres soldats,
Lègue cette famille à la foi d'un barbare.
Même des plus mutins la honte alors s'empare;
Et la honte a bientôt fait place à la pitié.
« S'il ne vous semble pas assez justifié
» L'immortel déshonneur qu'un héros vous imprime,
» Que tardez-vous, leur dis-je, achevez votre crime.
» Ennemis du sénat et du peuple romain,
» Ennemis de César, le feu, le fer en main,
» Bravant des trois pouvoirs la majesté suprême,
» Assiégez votre chef jusqu'en son palais même.
» Ah! plutôt courez-y par un prompt repentir
» Détourner les malheurs prêts à s'appesantir
» Sur tout soldat parjure au devoir qu'il s'impose.
» Si Pison vous est cher, défendez mieux sa cause;
» Et venez, d'un héros embrassant les genoux,
» Implorer sa bonté pour mon père et pour vous.
» Venez, dis-je. » A ces mots tout a changé de face;
L'accent du repentir succède à la menace;
L'ordre renaît; les rangs oubliés sont repris;

On vous porte en triomphe ; et votre époux, surpris
Du prodige imprévu qui soudain l'environne,
Prêt à punir, vous voit, vous embrasse et pardonne.

AGRIPPINE.

Trop généreux Marcus ! ah ! comment mon époux
Pourra-t-il aujourd'hui s'acquitter envers vous ?

MARCUS.

Déjà de sa bonté j'ai des preuves certaines ;
Et comme vous je touche au terme de mes peines.

AGRIPPINE.

Qu'aurait donc fait pour vous le prince ?

MARCUS.

Il a promis
Qu'à se justifier Pison serait admis.

AGRIPPINE.

Lui, se justifier ! Le peut-il !

MARCUS.

Je l'espère.

AGRIPPINE.

Un rebelle !

MARCUS.

Arrêtez.

AGRIPPINE.

Un traître !

MARCUS.

Il est mon père.

AGRIPPINE.

Pardonnez, je l'oublie en voyant vos vertus.

MARCUS.

Oubliez ses erreurs. Déjà Germanicus,

(*Il montre la statue.*)

Déjà le fils d'Auguste, imitant sa clémence,
A laissé par des pleurs désarmer sa vengeance.
S'il est vrai qu'aux exploits par mon zèle entrepris
Votre bonté, madame, attache quelque prix,
Ne m'en refusez pas le plus noble salaire :
Ne me repoussez pas ; laissez votre colère
Condescendre à des vœux qu'exauce votre époux,
Et qu'avec moi mon père exprime à vos genoux.

AGRIPPINE.

Pison se repentir !

MARCUS.

Mon bonheur vous l'atteste.

AGRIPPINE.

Puisse tant de bonté ne t'être pas funeste,
Cher époux !... Pison vient. Marcus, je sens l'effroi
Dans le fond de mon cœur renaître malgré moi.
Sortons.

(*Pison l'observe avec attention.*)

SCENE II.

MARCUS, PISON.

PISON.

A mon aspect tu vois fuir la princesse.
Se peut-il que jamais tant d'inimitié cesse ?

MARCUS.

Faible et dernier effet de ces ressentimens
Qui vont s'anéantir à vos premiers sermens.

PISON.

Et quand daignera-t-on les recevoir?

MARCUS.

Le prince
A convoqué les grands, les chefs de la province,
Que sa sincérité veut prendre pour garans
Du mutuel oubli de vos longs différens.

PISON.

Dis plutôt, dis, mon fils, pour témoin de l'outrage
Qu'aujourd'hui son orgueil réserve à mon courage.

MARCUS.

De semblables soupçons ne vous sont pas permis.

PISON.

Tu le crois?

MARCUS.

J'en réponds.

PISON.

Et que t'a-t-on promis?

MARCUS.

Qu'à l'heure où le sénat, le peuple, les rois même,
Viennent attendre ici la volonté suprême,
César vous entendrait.

PISON.

Ne permettra-t-on pas
A mes tristes amis d'accompagner mes pas?
Leur faute fut la mienne; et ce jour, je le pense,
Leur permet d'aspirer à la même indulgence.

MARCUS.

Ces lieux à vos amis ne seront pas fermés;
Ils peuvent comme vous s'y montrer désarmes.

PISON.

Désarmés!

MARCUS.

Cette loi, mon père, vous étonne?

PISON.

A la foi de ton prince en tout je m'abandonne.
J'en veux donner l'exemple à mes trop fiers cliens;
D'ailleurs, le fer sied mal aux mains des suppliants.

(*Il se désarme.*)

MARCUS.

Mon père, c'est ainsi qu'une âme peu commune
Se fait une vertu conforme à sa fortune.
Que j'aime en vous ce cœur assez grand, assez fort,
Pour oser reconnaître et réparer un tort!
Sur le respect public l'autorité se fonde.
Celui qui nous est dû par le reste du monde,
Ne le refusons pas au fils de nos Césars.
La paix fuirait nos murs, l'ordre nos étendards,
Si, dans cet instant même où le camp vous contemple,
Vous ne raffermissiez, par un utile exemple,
Les droits qui de l'Etat sont les premiers soutiens:
Respecter ceux d'autrui, c'est consacrer les siens.

PISON.

Va trouver mes amis; presse-les de se rendre
Devant ce tribunal où je viens les attendre.

MARCUS.

Vous serez satisfait, et de ce pas j'y cours.
On vient. Dieux! c'est ma mère. Ah! puissent ses discours
Ne pas détruire, ainsi qu'une vaine chimère,
Les projets.....

PISON.

Ils seront approuvés par ta mère.

SCENE III.

PISON, PLANCINE.

PLANCINE.

Vous ici, vous Pison ! Je n'imaginais pas
Que vous dussiez jamais y reporter vos pas,
Tant que Germanicus régnerait en Syrie.
Je n'ai point approuvé votre aveugle furie,
Egarement d'un cœur cette fois trop ardent,
Quand d'un bras sacrilége, et sur-tout imprudent,
Vous avez contre vous, par un public outrage,
Des dieux et des humains armé la double rage;
Mais j'approuve encor moins l'excès d'abaissement
Qui tout à coup succède à tant d'emportement;
Et, comme un criminel qui vient demander grâce,
Vous ramène en ces lieux qu'étonnait votre audace.
J'y viens aussi, j'y viens, mais pour vous déclarer
Que ce jour est celui qui doit nous séparer.
Je peux, de votre gloire inséparable amie,
Partager vos malheurs, mais non votre infamie.
J'abhorre vos projets; si vous y persistez,
Déshonorez-vous seul; pour moi, je pars.

PISON.

Restez.

PLANCINE.

Pour voir se consommer ta honte et ma ruine?

PISON.

Reste, pour t'enivrer des larmes d'Agrippine.

PLANCINE.

Agrippine pourrait pleurer sur nos malheurs!

PISON.

C'est sur ses propres maux que vont couler ses pleurs.

PLANCINE.

Quel jour à tous ses vœux fut jamais plus propice?
Germanicus triomphe.

PISON.

Au bord du précipice.

PLANCINE.

Il y serait tombé sans ton fils et sans toi.

PISON.

Il y tombe.

PLANCINE.

Et qui va l'y précipiter?

PISON.

Moi.

PLANCINE.

Toi, Pison!

PISON.

Moi, Plancine! Et quelle autre espérance
M'a fait de la faiblesse emprunter l'apparence?
Mais toi, dans ton époux peux-tu soupçonner rien
Que doive réprouver ou ton cœur ou le sien?
Dans les premiers transports d'une aveugle furie,
J'avais songé, Plancine, à quitter la Syrie.
Plus calme enfin, je vois quel prix m'eût rapporté
Un projet si timide et si mal concerté,

Le mépris et l'horreur dont m'eût chargé la terre,
Et surtout quel accueil m'eût réservé Tibère.
Jamais à son neveu pourra-t-il pardonner
La faveur dont le peuple aime à l'environner?
Quand il lui déféra l'empire de l'Asie,
Sa politique, ou mieux, disons sa jalousie,
Sous l'éclat des honneurs s'efforça de cacher
Qu'à l'amour de l'Europe il voulait l'arracher,
Et, loin des légions qui faisaient sa puissance,
A notre inimitié le livrer sans défense.
Mais tels étaient, tels sont ses sentimens secrets.
Les ai-je bien servis ces communs intérêts?
Non: favorable au prince, il faut que j'en convienne,
J'ai bien moins assuré sa perte que la mienne,
Et n'ai fait que donner à son cœur indigné
Le droit de me punir de l'avoir épargné.
Réparons tant d'erreurs. J'ai déjà su contraindre
Mon orgueil à fléchir et ma vengeance à feindre;
Devant un ennemi qui m'allait échapper
Je saurai m'incliner, mais c'est pour le frapper.
Dans ce projet qui sauve et ma gloire et ma vie,
Reconnais les conseils que m'a donnés Livie,
Et qui, par des chemins qu'elle aime à nous cacher,
Aujourd'hui même encor sont venus me chercher.
Je les exécutais, Plancine, et sans escorte
D'Antioche déjà je franchissais la porte;
Quand, abordé soudain par mon indigne fils,
J'apprends quel noble effort ont tenté mes amis,
Quel obstacle il oppose à leur fureur fidèle,
Et quel accès ici m'a ménagé son zèle.
Cet insolent bienfait, je veux le mériter;

Et tu verras bientôt si j'en sais profiter.

PLANCINE.

Dans le noble projet conçu par ta grande âme,
Que j'aime à retrouver la fureur qui m'enflamme!
Ah! pardonne aux soupçons où j'ai pu m'égarer;
L'aspect de ton fils seul doit me les inspirer.
Traître à nos intérêts, dans mon erreur extrême,
J'ai cru qu'à les trahir il t'entraînait toi-même.

PISON.

En suivant son projet, c'est lui qui sert le mien.

PLANCINE.

Poursuis donc; mais, Pison, n'est-il pas un moyen
Préférable à celui que ta fierté veut prendre?

PISON.

Au poignard?

PLANCINE.

Tu n'as pas oublié qu'Alexandre
Au milieu de sa cour mourut empoisonné,
Sans qu'on ait pu savoir par qui lui fut donné
Ou l'aliment perfide, ou le fatal breuvage.

PISON.

Plancine, un tel moyen répugne à mon courage.
Livie à l'employer m'a jadis invité;
A lui plaire en ce point j'ai toujours hésité.
Je ne m'y résoudrai, s'il faut parler sans feindre,
Qu'autant qu'un ordre exprès viendrait pour m'y contraindre,
Et que Tibère ici m'enverrait pour signal
Cet anneau qui, semblable à celui d'Annibal,
Cache un poison pareil au poison par qui Rome
Vit enfin s'achever les jours de ce grand homme.

A ce sujet voilà tout ce que j'ai promis.
Mais brisons ces discours : j'aperçois nos amis.
Sachons, Plancine, avant que de rien entreprendre,
Quel secours de leur zèle il m'est permis d'attendre.

SCENE IV.

PLANCINE, PISON, CONJURÉS.

(*Toute cette scène doit être débitée d'un ton mystérieux et à demi-voix.*)

SECOND CONJURÉ.

Que prétends-tu, Pison?

PISON.

Pour soutenir vos droits,
Pour les accroître, amis, j'ai tout fait, et je crois
Avoir excédé même en plus d'une occurrence
Les bornes qu'à mon zèle opposait la prudence.
Vous accordant toujours plus que je n'ai promis,
Je vous ai tout livré, je vous ai tout permis;
Soit lorsque du trésor tari par mes largesses,
Ma prodigue amitié grossissait vos richesses;
Soit lorsque des Césars les favoris chassés
Par vous dans les honneurs se sont vus remplacés.
Ah! si votre fortune, à mes vœux mesurée,
Pouvait de ma puissance excéder la durée,
Comme je me rirais des caprices du sort!
Comme vous me verriez, en butte à son effort,
D'un front inaltérable accueillir la tempête,
Et succomber plutôt que de courber la tête!

Mais je tremble pour vous : puis-je, si je péris,
Ne pas vous écraser du poids de mes débris ?
Ne pas vous entraîner jusqu'au fond des abîmes
Que m'ouvrent des bienfaits où l'on veut voir des crimes ?
Tout à ces sentimens, je n'en suis que plus prêt
A m'immoler encore au commun intérêt.

(*Avec mystère.*)

Qu'ordonne-t-il ? Parlez. C'est à vous de m'apprendre
Le parti que pour vous il m'importe de prendre.

LE PREMIER CONJURÉ, *même ton.*

Si dans mon désespoir je ne m'abuse, amis,
Entre deux partis seuls le choix nous est permis.
Ou subissons, aux yeux d'Antioche surprise,
Un pardon qui n'est fait que pour ceux qu'on méprise ;
Ou sachons ressaisir, par un dernier effort,
Le pouvoir qu'on ne doit perdre que par la mort.

UN DEUXIÈME CONJURÉ.

C'est l'opprobre ou l'honneur.

PLANCINE.

Eh ! quelle âme romaine
Entre ces deux partis peut rester incertaine ?

LE SECOND CONJURÉ.

Songez d'ailleurs, songez qu'avec l'autorité
Il vous faut renoncer à la sécurité ;
Et que la liberté qu'on feindrait de vous rendre,
Est un bien que sans risque on pourra nous reprendre,
Dès que, tombés du rang dont nous avons joui....

LE PREMIER CONJURÉ.

Mais est-il un moyen de le conserver ?

PISON.

Oui.

LE PREMIER CONJURÉ.

Parle.

PISON.

Notre ennemi va paraître. Le prince
Devant les grands, devant les chefs de la province,
Vient étaler ici l'excès de son bonheur,
Moins encor que celui de notre déshonneur.
Quel plaisir en effet pour sa faiblesse altière!
Des Romains à ses pieds, Pison dans la poussière,
Lui faisant de leurs droits un honteux abandon,
De sa bouche à ce prix obtiendraient leur pardon!
Non. Prenons pour témoins d'une juste vengeance
Les témoins rassemblés par sa feinte indulgence.
Il veut du dictateur affecter les vertus :
Il croit être César; qu'il rencontre un Brutus.
A nos ressentimens, dans ses justes alarmes,
En vain sa prévoyance a défendu les armes.
Il m'en reste une encor; celle qu'un vrai Romain
Tient toujours sur son cœur, tient toujours sous sa main;
Noble et dernier recours contre l'ignominie!
Cher et dernier espoir contre la tyrannie!
La voici. Dès l'instant où, par vous entouré,
Germanicus des siens se verra séparé,
Qu'il tombe, comme on vit César au Capitole,
Victime au même instant qu'il s'était fait idole,
Expier, sous ce fer redoutable aux tyrans,
Des bienfaits plus réels et des mépris moins grands.
Ainsi vous conservez les droits qu'on vous conteste;
Ainsi l'honneur, ainsi la liberté vous reste.
Du prince, après ce coup, si quelques partisans
Elèvent quelques cris, ces cris insuffisans

Seront bientôt couverts, je me plais à le croire,
Par ceux de la milice et des chefs du prétoire,
Dont l'amour, qui tantôt vient encor d'éclater,
Ne saurait me trahir quand je puis l'acheter.
Amis, que ce projet à l'instant s'accomplisse!

LES CONJURÉS.

Oui!

PISON.

Quand Germanicus paraîtra, qu'il périsse!
Dans le piége où lui-même il vient s'envelopper
Sachez le retenir, je saurai le frapper.

SCENE V.

PLANCINE, PISON, MARCUS, LES CONJURÉS.

MARCUS.

Le frapper, qui, grands dieux! Germanicus!

PLANCINE.

Ah! traître!

PISON.

Quand ton père est proscrit, tu trembles pour ton maître!

MARCUS.

Je tremble pour vous seul; j'entrevois vos complots;
Je dois les prévenir.

PISON.

Aux pieds de ton héros
Cours donc nous accuser.

PLANCINE.

Cours dénoncer ton père.

MARCUS.

Je cours sauver mon prince.

PLANCINE.

Arrête!

MARCUS.

Et vous, ma mère,
Et vous, assassinez votre fils qu'aujourd'hui
Vous trouverez partout entre vos coups et lui.

PLANCINE.

Mes amis, quoi qu'il fasse, achevez votre ouvrage.

PISON.

Je n'eus jamais besoin d'un aussi grand courage.

MARCUS (*dans le fond du théâtre.*)

Licteurs, d'un double rang ceignez ce tribunal.

LE SECOND CONJURÉ.

Le prince vient.

PLANCINE.

Moment heureux!

MARCUS.

Instant fatal!

SCENE VI.

PISON, PLANCINE, CONJURÉS, MARCUS, GERMANICUS, SUITE.

GERMANICUS (*entre accompagné d'un seul homme en toge, portant à la main l'épée de Pison.*)

Autour de moi pourquoi ces faisceaux et ces armes?
Il est passé, Romains, le moment des alarmes.
Un semblable appareil ne nous est plus permis.
(*Aux licteurs.*)
Sortez : je ne suis pas avec des ennemis.

PISON.

* Etrange aveuglement!

PLANCINE.

* Heureuse imprévoyance!

MARCUS, *à Pison.*

* Vous n'abuserez pas de tant de confiance.

(*Le mouvement concerté entre les conjurés s'exécute. On distinguera facilement dans cette scène les passages qui doivent être débités à demi-voix. Au reste, ils sont indiqués par un signe.*)

GERMANICUS.

Marcus, pourquoi ce trouble empreint dans tous vos tr

MARCUS.

Mon âme est agitée entre tant d'intérêts!
Je désire et je crains l'instant qui vous rapproche.

GERMANICUS, *à demi-voix, et prenant Marcus à part.*

Pour l'orgueil de Pison vous craignez le reproche?
Cet orgueil a fléchi : mes droits sont satisfaits.
Consolons, s'il se peut, à force de bienfaits,
Ce cœur que ma justice à regret désespère.
Approchez-vous, Pison.

(*Ici Pison fait un mouvement pour s'approcher du prince, en portant sa main sur le poignard caché dans son sein.*)

MARCUS, *plein de trouble.*

* Que faites-vous, mon père!

PISON.

* J'obéis.

GERMANICUS.

Pourquoi donc retenez-vous ses pas?

PISON.

*Mon bras est désarmé.

MARCUS.

*Votre cœur ne l'est pas.

GERMANICUS.

Laissez-le s'approcher; je n'en ai rien à craindre.
L'homme fier est du moins incapable de feindre;
Sa bouche avec son cœur est toujours de concert;
Il dit ce qu'il éprouve et frappe à découvert.
Il pourra quelquefois trop écouter ces haines
Qu'un Marius prenait pour des vertus romaines;
Mais enfin, par orgueil si ce n'est par raison,
Sa fureur s'abstiendra de toute trahison.
(*à Pison. Dans ce moment le prince passe entre lui et Marcus, qui jusque-là les a tenus séparés.*)
Reprenez votre épée, et parlez sans contrainte:
Dussiez-vous publier mes torts par votre plainte,
Parlez, ne craignez pas de vous justifier.

(*Pison reste interdit.*)

PLANCINE.

Ces secrets à vous seul peuvent se confier,
Prince.

GERMANICUS.

(*à Pison.*)

Je vous entends; indiquez le lieu, l'heure,
Non pas dans mon palais, mais dans votre demeure,
Où, sur les intérêts qui réclament nos soins,
Votre franchise à moi veut s'ouvrir sans témoins.
J'écarterai, s'il faut, jusqu'à Marcus lui-même.

PLANCINE.

Il se livre!

PISON.

Il se sauve ! à mon désordre extrême
Je sens qu'au repentir mon cœur n'est point fermé.
(à Germanicus.)
En me rendant ce fer vous m'avez désarmé.
(Il jette son épée et s'incline.)

PLANCINE, *à Pison.*

Lâche !

GERMANICUS, *le relevant.*

Que faites-vous ? La douleur vous égare,
Pison ; me prenez-vous pour un Parthe, un barbare,
Dont l'orgueil, s'entourant de fronts humiliés,
Se plaît surtout à voir des Romains à ses pieds ?
A trop de désespoir votre cœur s'abandonne ;
Pison, pardonnez-vous des torts qu'on vous pardonne.
Levez les yeux, voyez ces lieux s'environner
(Dans ce moment les sénateurs et les grands de la province entrent.)
Des témoins, des garants que j'ai voulu donner
Au traité solennel qui nous réconcilie ;
A la sainte union qui désormais nous lie ;
A l'éternel oubli des longs ressentimens
Que je veux étouffer en ces embrassemens.

PISON.

O grandeur !

PLANCINE.

O bassesse !

GERMANICUS.

Il est temps que l'armée
De ce rapprochement, Pison, soit informée.
Courons renouveler dans ses rangs, sous ses yeux,

Les saints engagemens que j'ai pris en ces lieux.
C'est le premier bienfait que de vous je réclame.

PISON.

Je cède à l'ascendant qui vous livre mon âme;
Oui, j'y cours démentir, oui, j'y cours réparer
Les trop longues erreurs où j'ai pu m'égarer.

SCENE VII.

PLANCINE, *seule.*

Ainsi, quand du succès tout m'offrait l'assurance,
Quand je touchais au prix de ma persévérance,
Mon espoir est déçu, mes projets sont trahis;
Je perds tout à la fois, et perds tout par mon fils.
Esclave par penchant comme par habitude,
Et du nom de devoir parant la servitude,
Au joug qu'il s'est donné voulant tout asservir......

SCENE VIII.

PLANCINE, SENTIUS.

SENTIUS.

Sur tout ce qui se passe, ah! daignez m'éclaircir.
Serait-il vrai, madame, ainsi qu'on le publie,
Qu'entre Germanicus et Pison tout s'oublie?

PLANCINE.

Oui, Pison a comblé son opprobre aujourd'hui;
Il cède à l'ascendant d'un fils digne de lui.

Quant à moi, qui ne puis devenir leur complice,
Moi, pour qui cette paix est un affreux supplice,
Loin d'eux je cours chercher, au fond de mon palais,
Le moyen, s'il en est, de la rompre à jamais.

SCENE IX.

SENTIUS, SÉJAN.

SENTIUS.

Tout est perdu.

SÉJAN.

Perdu?... malgré la foi jurée,
La paix ne sera pas d'une longue durée.

SENTIUS.

Quel moyen de la rompre?

SÉJAN.

Il en est un certain.
Cet écrit que le prince a tracé de sa main,
Sentius.....

SENTIUS.

Contre lui peut nous donner des armes?

SÉJAN.

Vous l'avez dit. Avec ses premières alarmes
On rendrait à Pison sa première fureur,
Si, de la vérité faisant jaillir l'erreur,
On lui persuadait que ce billet funeste,
Des vœux d'un ennemi confident manifeste,

Fût écrit contre lui dans le même moment
Où de lui pardonner on faisait le serment.
Pour mieux tromper Pison, trompons d'abord Plancine;
Par elle jusqu'à lui que l'erreur s'achemine ;
Livrez la lettre ; et moi je saurai profiter
Des transports qu'en Pison les siens vont exciter.

SENTIUS.

Il ne faut plus compter sur l'appui de l'armée.

SÉJAN.

Laissons-la dans son camp désormais renfermée.
Si le fer nous trahit, que le poison soit prêt.

SENTIUS.

Le poison, dites-vous !

SÉJAN.

Oui ; sachez un secret
Que par ma bouche ici vous révèle Tibère :
La mort du prince importe au repos de la terre,
M'a-t-il dit ; Pison croit qu'en son camp mutiné
On verra l'imprudent tomber assassiné.
S'il s'abusait pourtant, si malgré l'apparence
Il voit l'événement trahir cette espérance ;
Après avoir du fer essayé le secours,
A de plus sûrs moyens s'il faut avoir recours,
Donnez-lui cet anneau, de ma rigueur secrète
A ses yeux prévenus souverain interprète ;
Et vous verrez Pison, rentré dans son devoir,
Perdre tous ses remords, s'il pouvait en avoir.

SENTIUS.

Contraints à nous couvrir des voiles du mystère,
Quel agent nous pourra prêter son ministère ?

SÉJAN.

Ami, c'est à Plancine à préparer les coups,
Qui ne seront portés ni par moi, ni par vous.
Mais il faut, pour qu'en tout ce projet s'accomplisse,
Que le prince aujourd'hui soit mon premier complice.

FIN DU TROISIÈME ACTE.

ACTE QUATRIÈME.

SCENE PREMIERE.

MARCUS, GERMANICUS, AGRIPPINE.

GERMANICUS, *à Marcus.*

Oui sans doute, en ces lieux j'attendrai votre père;
L'intérêt de l'Etat, l'intérêt de la terre,
A toute heure chez moi veulent qu'il soit admis;
Et c'est aussi le droit de mes meilleurs amis.
Vous cependant, allez remplir à Séleucie
Le message important qu'à vos soins je confie.
Marcus, à votre père il n'est pas étranger.
Avec ses sentimens les miens ont dû changer.
Joignez donc Sentius; empêchez qu'à Tibère
Il ne rende un écrit dicté par la colère,
Dicté par la vengeance à mon orgueil blessé.
Il m'aurait mieux servi s'il s'était moins pressé.
S'il en est temps encor, que le mal se répare.

MARCUS.

Sentius n'est pas loin. Un court chemin sépare
Le port de Séleucie et ces remparts heureux
Pacifiés enfin par vos soins généreux.
En pressant mon départ, je l'atteindrai, je pense.

GERMANICUS.

Le ciel à vos vertus doit cette récompense.

Puisse-t-il, favorable à vos désirs, aux miens,
Accélérer vos pas en retardant les siens!
Allez et revenez. (*Marcus sort.*)

SCENE II.

GERMANICUS, AGRIPPINE.

GERMANICUS.

Déjà sous ces portiques
Où fument les autels de nos dieux domestiques,
Dans ces lieux consacrés où nos communs exploits
Entassent chaque jour les dépouilles des rois,
Un banquet solennel par mes ordres s'apprête.
Pour tous les cœurs je veux qu'il soit un jour de fête,
Le jour où, dans ces murs sous mon pouvoir remis,
Entre tant de Romains je n'ai plus d'ennemis.

AGRIPPINE.

Tu le crois! Cet écrit que ta bonté regrette
N'est pourtant, cher époux, qu'un fidèle interprète
Du long ressentiment qu'en sa témérité
Le superbe Pison n'a que trop mérité.

GERMANICUS.

Ecarte un souvenir qui, réveillant ta haine,
Sur des torts expiés sans cesse te ramène.
Pison nous offensa; Pison s'est repenti.
L'écrit qui l'accusait doit être anéanti.
Que le ressentiment expire avec l'injure.

AGRIPPINE.

Tu jurais de haïr!

GERMANICUS.

Je faisais un parjure ;
Mais la terre et le ciel pardonnent aisément
Au prince qui trahit un semblable serment.
Cet effort de vertu n'est pas sans quelque gloire ;
Il est bien plus facile, et ton cœur peut m'en croire,
Quand on n'a pour punir qu'un signal à donner,
De venger ses affronts que de les pardonner.

AGRIPPINE.

O bonté d'un grand cœur ! ô vertu plus qu'humaine !
Cependant quand je songe au péril où t'entraîne
Ta clémence, et ce cœur facile à désarmer,
Je tremble en t'admirant, et j'ose te blâmer.
Je conçois qu'on pardonne et non pas qu'on oublie.
Epargner l'ennemi qui cède ou qui supplie,
C'est user du pouvoir, c'est agir en vainqueur.
Mais presser dans ses bras, rapprocher de son cœur
Le cruel qui, trompé dans sa lâche espérance,
Pleure de repentir bien moins que d'impuissance ;
Autant que l'amitié c'est blesser la raison,
Contre soi-même c'est aider la trahison,
C'est se livrer aux coups, c'est provoquer le crime
Dont on doit tôt ou tard devenir la victime.

GERMANICUS.

Loin de le provoquer, va, c'est le désarmer.
Mais ton amour, pour moi si prompt à s'alarmer,
Ne peut pas concevoir qu'en se livrant au traître
On lui puisse enlever jusqu'au désir de l'être.
Des mortels cependant le cœur est ainsi fait.
Croyons, quand le meilleur est le moins imparfait,

Quand le plus vertueux n'est jamais sans faiblesse,
Que le moins généreux n'est jamais sans noblesse.
Son penchant par ses vœux est souvent combattu.
Ne désespérons pas de rendre à la vertu
L'homme égaré qui tient encore à notre estime.
Tel, après une faute, est tombé dans un crime,
Pour n'avoir rencontré que des cœurs sans pitié.
Malheureux, il n'était coupable qu'à moitié,
Il allait revenir à la vertu qu'il aime,
Si l'on ne l'eût contraint à douter de lui-même.
Empêchons-donc Pison d'oser se démentir;
L'héroïsme peut naître aussi du repentir.
Tu ne me réponds rien.

AGRIPPINE.

Que puis-je te répondre?
Sans me convaincre, hélas! tu viens de me confondre.
Mais plus que la raison j'en crois mes sentimens.
Crains les affreux effets de ces ménagemens;
Songe à César, et vois où conduit l'indulgence.

GERMANICUS.

Songe à Tibère, et vois où conduit la vengeance.

AGRIPPINE.

Par ceux qu'il épargna l'un meurt assassiné.

GERMANICUS.

L'autre vit : mais l'effroi dont il est dominé,
Plus cruel chaque jour, en son esprit réveille
Avec les souvenirs les soupçons de la veille,
Et sans cesse en nourrit la secrète fureur.
Vois du prince aux sujets circuler la terreur;
Vois les mères en deuil, les épouses en larmes,
Sans jamais les calmer expier ses alarmes;

Tandis qu'entre la haine et la crainte placé,
De tout le mal qu'il fait se croyant menacé,
Du crime qu'il prévient par d'éternels supplices
Jusque dans sa famille il croit voir des complices.
Ah! plutôt mille fois mourir sous les poignards,
Que garder à ce prix le trône des Césars!
Oui, fussé-je en effet séduit par l'apparence,
A mon erreur je donne encor la préférence
Sur l'art de pénétrer dans ces lâches détours
D'un cœur dont les pensers démentent les discours.
Eh! pourquoi me livrer à tant d'inquiétude,
Quand mes soins les plus doux, quand ma plus chère étude,
N'ont usé du pouvoir qui réside en mes mains
Que pour calmer l'effroi qu'inspirent les Romains,
Et qu'à travers les flots, les déserts, les tempêtes,
D'un bout du monde à l'autre ont porté mes conquêtes.
Les peuples que Tibère a rangés sous ma loi,
Quand je veille pour eux, veillent aussi pour moi;
Et ma sécurité plus que jamais se fonde
Sur le bien que j'ai fait à la moitié du monde.
Que ne peut-il s'étendre à l'univers entier!
Auguste, si j'envie à ton pâle héritier
L'empire dont ton choix l'a fait dépositaire,
C'est qu'il peut appeler le reste de la terre
A jouir d'un bonheur que je suis las de voir
Restreint aux seuls climats soumis à mon pouvoir.
Quel triomphe en effet pour le prince, pour l'homme
Qui seul peut relever la dignité de Rome,
De donner cette base à sa propre grandeur;
De rendre aux saintes lois leur antique splendeur;
De ne se réserver des droits du rang suprême

Que celui de sauver le peuple de lui-même;
Et d'assurer sa gloire et sa prospérité
Par l'accord de l'empire et de la liberté!

AGRIPPINE.

Tel était le projet de ton malheureux père:
Il rêva comme toi le bonheur de la terre.
Comme toi, dès l'enfance, on avait vu ses mains
S'essayer à briser les chaînes des Romains.
Vain espoir! qu'a détruit sa mort prématurée.
Sa vie à nos besoins ne fut pas mesurée;
Et le sort, qui voulut prolonger nos malheurs,
A l'âge où je te vois le ravit à nos pleurs.
Affreux pressentiment pour le cœur d'une épouse!
Sourde à la voix publique, en sa fureur jalouse,
Des héros dont le monde avait fait ses amours,
Rarement la fortune a prolongé les jours.
Drusus avant trente ans finit sa destinée;
Marcellus expira dans sa vingtième année.
Dieux! gardez mon époux d'un sort si rigoureux!
Plus aimé qu'eux, hélas! sera-t-il plus heureux!

SCENE III.

AGRIPPINE, GERMANICUS, VERANIUS, PISON ensuite.

VERANIUS.

Un de ces affranchis, par qui souvent Tibère
De ses intentions vous transmet le mystère,
Aux portes du palais arrive en ce moment.

GERMANICUS.

Qu'on le fasse passer dans mon appartement.
Mais j'aperçois Pison. Seigneur, veuillez m'attendre
En ces lieux, où bientôt je reviens vous entendre,
Et régler avec vous les intérêts divers
De la plus belle part de ce vaste univers.

PISON.

A vos désirs en tout ma volonté défère,
Prince.

(*Germanicus sort appuyé sur Agrippine.*)

SCENE IV.

PISON, *seul.*

Discours, regards, en lui tout est sincère ;
Et son aspect lui seul suffit pour éclaircir
Mes doutes, trop souvent prêts à me ressaisir....
Ces doutes, malgré moi renaissans dans mon âme,
D'où vient donc, après tout, que ma raison les blâme ?
Le prince a-t-il bien dit tout ce qu'il a pensé ?
M'a-t-il bien pardonné ?... Je l'ai tant offensé !...
Ah ! telle est, je le sens, notre faiblesse extrême !
Des humains malgré nous jugeant d'après nous-même,
Nous prêtons à chacun la crainte, le dessein
Qui fermente en secret dans notre propre sein.
C'est ainsi que mon cœur inquiet, implacable,
Doutant d'une vertu dont il n'est pas capable,
Malgré lui quelquefois voit un piége tendu
Dans ce noble pardon qu'il n'a pas attendu.
(*Plancine entre brusquement, une lettre à la main.*)

SCENE V.

PISON, PLANCINE.

PLANCINE.

Lisez, Pison, lisez.

PISON, *après avoir lu.*

La perfidie est forte!
Et qui vous a remis cette lettre?

PLANCINE.

Qu'importe.
Vous en reconnaissez et l'empreinte et le trait?

PISON.

Il est vrai.

PLANCINE.

Sur le reste on m'oblige au secret.

PISON.

Mais l'accusation fut écrite peut-être....

PLANCINE (*vivement.*)

Sans doute, et chaque mot le fait assez connaître,
Depuis, qu'avec Pison d'un nouveau nœud lié,
Germanicus jurait avoir tout oublié.

PISON.

Il me trompait!

PLANCINE.

Le traître!

PISON.

Ainsi, lorsqu'il me jure
L'oubli si généreux d'une si longue injure,

Lorsqu'il m'appelle à lui, cruel en caressant,
Plancine, ce héros me frappe en m'embrassant.

PLANCINE.

Mieux que vous il sait feindre.

PISON.

Ah! puisqu'il se déguise,
Puisqu'il use de feinte, employons la franchise.
Il croulera bientôt, à mes pieds abattu,
Ce colosse imposant d'une fausse vertu.
Dans cette même fête, où le perfide pense
Par un nouveau parjure endormir ma prudence,
Je cours le démasquer, cette lettre à la main;
Je cours le dénoncer à quiconque est Romain.
L'univers connaîtra l'objet de son estime.

PLANCINE.

Votre indignation n'est que trop légitime;
Ne consultons ici que l'excès du danger;
Vous ne pouvez assez ni trop tôt vous venger.
Mais, loin qu'à son courroux votre cœur s'abandonne,
Profitez des leçons qu'un ennemi vous donne.

PISON.

Ah! je vais des soldats réveiller le courroux.

PLANCINE.

Arrêtez. Ne cherchez votre force qu'en vous.
Oui seigneur, en nous seuls mettons notre espérance.

PISON.

Et puis-je même avoir en moi quelqu'assurance?
N'ai-je pas vu tantôt, au moment de frapper,
Le poignard infidèle à ma main échapper?

PLANCINE.

Pison, ne pouvons-nous obtenir par la ruse

Un succès que l'audace aujourd'hui nous refuse ?
Le plus déterminé souvent frappe au hasard.
Une coupe est plus sûre après tout qu'un poignard.
Un banquet solennel en ce moment s'apprête.

PISON.

Eh bien !

PLANCINE.

Dans ce banquet, au milieu de la fête,
Au milieu de l'ivresse, il faut que de Pison
Germanicus reçoive aujourd'hui le poison.

PISON.

De moi !

PLANCINE.

Vous prévenez ainsi votre ruine.

PISON.

De moi !

PLANCINE.

De vous.

PISON.

De moi !

PLANCINE.

Vous hésitez !

PISON.

Plancine,
A la table du prince, entouré de témoins !

PLANCINE.

S'ils étaient plus nombreux, je craindrais encor moins.

PISON.

La publique allégresse éteint la malveillance.

PLANCINE.

La publique allégresse endort la surveillance.

Songez-y, pour trancher des discours superflus,
Qui perd l'occasion ne la retrouve plus.

PISON.

Quelle arme mettez-vous dans mes mains, dans les vôtres?

PLANCINE.

Le sort à votre choix en a-t-il laissé d'autres?
Qu'espérez-vous encor?

PISON.

Me venger en Romain.
Oui, d'un nouveau poignard s'il faut armer ma main,
En exposant mes jours, s'il faut à force ouverte
D'un puissant ennemi poursuivre encore la perte,
Je le veux, j'y suis prêt; mais, par un homme admis
Dans son propre palais au rang de ses amis,
Qu'au milieu de la joie en riant je me venge;
Au vin hospitalier, par un cruel échange,
Que j'ose dans sa coupe allier le poison;
C'est une lâcheté, c'est une trahison
A laquelle mon cœur ne saurait se résoudre,
Que la nécessité pourrait à peine absoudre,
Et qui, malgré les droits qu'on donne à ma fureur,
Ne m'a jamais peut-être inspiré tant d'horreur.

PLANCINE.

Jadis tels n'étaient pas vos discours à Livie.
Plus fier, plus digne alors du rang qu'on nous envie,
Pison n'eût pas souffert qu'au mépris de ses droits,
Germanicus l'osât confondre avec les rois,
Et, jusque dans ces murs étalant sa puissance,
Tentât de nous plier à quelqu'obéissance.
Les temps sont bien changés. Pison, désabusé
De ce trop juste orgueil dont il fut accusé,

Dans la vertu contraire est tout prêt à descendre.
D'un tel sujet le prince enfin peut tout attendre.
Oui, quoi que son caprice en exige aujourd'hui,
Il n'aura pas d'esclave aussi soumis que lui.
Pison, comme à la gloire insensible à l'outrage,
Contre la patience a changé son courage;
D'un œil indifférent sa vertu lui fait voir
L'opprobre et les honneurs, l'exil et le pouvoir,
Et tout ce que réserve à sa lâche indulgence
Tibère, tant de fois trahi dans sa vengeance.

PISON.

En quoi l'ai-je trahi? J'ai promis, j'en conviens,
Que, si mon bras trompait et mes vœux et les siens,
Le secours du poison, devenu nécessaire,
Ferait ce qu'aujourd'hui le glaive n'a pu faire.
Mais l'instant, grâce au ciel, n'est pas encor venu;
Mais je n'ai pas reçu le signe convenu,
Qui, de sa volonté souverain interprète,
Changerait en refus le doute qui m'arrête.

PLANCINE.

Voici Germanicus, réprimez ce transport.

SCENE VI.

PISON, PLANCINE, GERMANICUS, *Suite.*

GERMANICUS.

Que je bénis les dieux de cet heureux accord
Qui de nos deux maisons termine la querelle!
Comme il me fait jouir de la faveur nouvelle
Dont Tibère à l'instant se plaît à vous combler!
Tandis que nos soldats, prompts à se rassembler,

Vengeurs des saints traités, iront punir l'injure
Que du Parthe inconstant nous a fait le parjure,
Tandis que les combats réclament tous mes soins,
Veillez sur l'orient, prévenez ses besoins;
Dans tous les lieux, soumis à mon pouvoir suprême,
Exercez tous les droits que j'exerce moi-même;
Et, plus heureux que moi, faites régner la paix
Sur la moitié du monde ouverte à vos bienfaits.
Mon cœur vous en convie, et César vous l'ordonne:
« A cet anneau, garant du pouvoir qu'on lui donne,
» Que Pison, m'écrit-il, reconnaisse aujourd'hui
» Ce que ma confiance attend encor de lui. »

(*Il lui remet l'anneau.*)

PISON, *troublé.*

Dieux!

PLANCINE.

A l'ordre absolu que vous venez d'entendre
Pourrez-vous bien, Pison, hésiter à vous rendre?

PISON, *troublé de plus en plus.*

Moi! je n'hésite pas, Plancine; je n'attends.......

GERMANICUS.

Venez, Pison, venez, sans tarder plus long-temps,
Aux lieux où l'allégresse à grands cris nous appelle;
Où de notre amitié la première nouvelle
A déjà rapproché les esprits apaisés;
Où le peuple et l'armée, autrefois divisés,
Ne forment qu'une voix qui par ses chants publie
La paix entre leurs chefs aujourd'hui rétablie;
Bienfait du saint traité qui vient de nous unir,
Et promet à l'Asie un si doux avenir.
Raffermissez encor ce traité qui nous lie;

Je veux que le serment qui nous réconcilie
Sur la coupe à l'instant soit par nous répété.

(*Il se dispose à sortir.*)

PLANCINE, *bas à Pison.*

Aussi loin, s'il se peut, poussez la fausseté.

PISON.

Quel pouvoir inconnu, d'accord avec ma haine,
Vers le but que je fuis malgré moi me ramène!
Assistez-moi, grands dieux! dans le trouble où je suis.

GERMANICUS, *qui s'est avancé vers le fond du théâtre, s'apercevant qu'il n'est pas suivi de Pison, se retourne.*

Ne me suivez-vous pas, mon ami?

PISON.

Je vous suis.

FIN DU QUATRIÈME ACTE.

ACTE CINQUIÈME.

SCENE PREMIERE.

PLANCINE, *seule.*

Rien encor, rien; partout règne un calme profond.
Que veut-il? qu'attend-il? ce retard me confond.
Ah! si les passions qui dévorent mon âme,
Un seul moment, Pison, t'avaient prêté leur flâme;
Si mon ambition, ma haine, ma fureur
Pouvaient, un seul moment, se glisser dans ton cœur!
Que bientôt ce palais, témoin de mon outrage,
Retentirait des cris du deuil et de veuvage!
Que bientôt Agrippine expîrait à mes piés
Mes affronts, qui jamais ne seront expiés!
Quel plaisir de la voir, de sa chute indignée,
Tantôt dissimuler sa douleur dédaignée;
Ou, par de vains éclats tantôt la trahissant,
Exhaler en menace un courroux impuissant!
Mais quels accents confus la foule me renvoie?
Des acclamations de concorde et de joie?....
Consolons-nous.... grands dieux, quelle était mon erreur!
Ce sont des cris d'effroi, ce sont des cris d'horreur.
Sans doute ce moment comble mon espérance;
Et Pison vient ici m'en donner l'assurance.

SCENE II.

PLANCINE, PISON.

PISON.

C'en est fait : j'ai rempli tes vœux et mon dessein.

PLANCINE.

Germanicus est mort ?

PISON.

Il se meurt. Dans son sein,
La coupe, qu'attestait sa clémence parjure,
La coupe en ce moment venge, avec notre injure,
Tous les maux que son cœur nous avait préparés.
De fleurs, de pourpre, d'or, les lits étaient parés.
Le prince auprès de lui m'invite à prendre place.
Plancine, en ce moment, je ne sais quelle grâce
Tempérait de son front la noble austérité,
Prêtait à ses discours ce ton de vérité
Qui séduirait, crois-moi, le cœur le plus farouche.
Ce nom d'ami, surtout, que m'adressait sa bouche,
Faisait déjà revivre en mon cœur désarmé
Le scrupule insensé qui l'avait alarmé ;
Je tremblais, comme on tremble au bord du précipice.

(Il montre un billet.)

Quand je reçois ces mots : « Voici l'instant propice;
» Profite du tumulte, excité par mes soins,
» Qui détourne de toi les regards des témoins.
(Le désordre en effet troublait alors la fête.)
» Préviens par un grand coup le coup que l'on t'apprête.

»Qu'attends-tu? le poison, la coupe est sous ta main.»
Ces mots avaient laissé mon courage incertain;
Mais tandis qu'en moi-même encor je délibère,
Je ne sais quelle voix me dit : *Pense à Tibère.*

PLANCINE.

Trop salutaire avis! qui peut l'avoir donné?

PISON.

D'esclaves, de soldats, de peuple environné,
Mes regards vainement ont sur chaque visage
De quelqu'émotion cherché le témoignage.
Je n'ai pu discerner, parmi tant d'inconnus,
Celui dont les avis jusqu'à moi sont venus;
Avis qui m'ont sauvé de ma faiblesse extrême,
Et me semblaient donnés par Tibère lui-même.

PLANCINE.

De Tibère sans doute il était émané
L'avis mystérieux qui t'a déterminé.
Goûtons, mon digne époux, goûtons d'intelligence
Les plaisirs de l'orgueil et ceux de la vengeance;
Et quelque grands qu'ils soient, songe que cet instant
Te livre un prix moins beau que celui qui t'attend.
Songe que, de faveurs t'accablant sans mesure,
Tibère te paîra bientôt avec usure
Tout ce qu'il doit au sort, qui pour lui, j'en conviens,
Fit tout en rattachant ses intérêts aux tiens.

PISON.

Je le crois; cependant déguisons notre joie.
Accueillons le bonheur que le sort nous envoie,
Sans contrainte, Plancine, et sans empressement.
Tous deux nous trahiraient.

PLANCINE.

Tel est mon sentiment,
Pison; mais la terreur est surtout indiscrète;
Des grands secrets du cœur le trouble est l'interprète.

PISON.

Crois, puisqu'à t'obéir j'ai pu me décider,
Crois que rien désormais ne peut m'intimider.

SCENE III.

PISON, PLANCINE, MARCUS.

MARCUS.

Vous ici! vous aux pieds de l'image d'Auguste,
Mon père! de ses fils le plus grand, le plus juste,
Le plus semblable à lui quand il a pardonné,
Pour prix de ses vertus mourant empoisonné,
Vient exhaler ici les restes de sa vie.
Si d'en troubler la paix vous n'avez pas l'envie,
Pour lui, pour vous, mon père, ayez quelques égards;
Par pitié dérobez à ses derniers regards
L'aspect....

PLANCINE.

Par ce discours que prétendez-vous dire,
Marcus?

PISON.

Sans rechercher quel intérêt l'inspire,
Devant ce demi-dieu, dans ces mêmes momens
Où j'immole à l'Etat tous mes ressentimens,

Je vous dirai, mon fils, qu'en ce danger du prince,
L'intérêt de ces murs, celui de la province,
Celui de l'orient qui, je dois le prévoir,
Pourrait dès aujourd'hui passer sous mon pouvoir,
Ne me permettent pas de m'éloigner d'un homme
En qui réside encor l'autorité de Rome;
Qu'enfin je reste ici, dût-on s'en étonner,
Pour recevoir ses lois, ou bien pour en donner.

SCENE IV.

PLANCINE, PISON, MARCUS, *amis de Pison*, *soldats*, CONJURÉS.

LE PREMIER CONJURÉ.

Père des légions, on menace ta vie.
Entends-tu les clameurs de ce peuple en furie?
Mais, n'en redoute rien; prêts à te secourir
Vois de tous les côtés les soldats accourir......

PLANCINE.

Voici Germanicus.

SCENE V.

PISON, PLANCINE, MARCUS, VERANIUS, AGRIPPINE; GERMANICUS, *porté sur un lit, entouré de ses amis et de ses enfans*; CONJURÉS, *soldats, licteurs, etc., etc.*

(*On dépose Germanicus aux pieds de la statue d'Auguste. Les partis différens se groupent, suivant leurs intérêts, autour de Pison ou du Prince.*)

GERMANICUS, *avec peine.*

Image auguste et chère!
O père des Romains, des Césars, ô mon père!
Reçois mes derniers vœux.

AGRIPPINE.

Dieux! Plancine, Pison!

GERMANICUS.

Ils viennent épier les progrès du poison,
Compter le peu d'instans qui me restent à vivre.
Saisissez-le, cruels, ce pouvoir que vous livre
Ma main, qui vainement voudrait le retenir,
Et laisse aux Immortels le soin de vous punir.

AGRIPPINE.

Oui, périsse ce couple homicide et parjure!

PISON.

Bien qu'au malheur, madame, on pardonne l'injure,

J'ai peine à supporter le reproche odieux
Qui m'impute les maux que vous ont faits les dieux.

GERMANICUS (*d'une voix faible.*)

Oui, les dieux n'ont que trop favorisé leur rage.
Echappé tant de fois aux fureurs du carnage,
O malheureuse épouse! ô malheureux enfans!
Je n'en péris pas moins à la fleur de mes ans.
Je tombe enveloppé dans une embûche infâme,
Dans un piége tendu par la main d'une femme,
Dans le piége où mon cœur se plût à m'entraîner,
Quand, à force de bien croyant les enchaîner,
Et traitant vos conseils de méfiance extrême,
En leurs perfides mains je me livrai moi-même.
Mes amis, vous donnez des larmes à mon sort;
Mais ce n'est pas assez; il faut venger ma mort.
C'est vous qui redirez à mon prince, à mon père,
(*Plancine et Pison.*)
Les chagrins dont ils ont abreuvé ma misère,
Les piéges dont ils ont environné mes pas,
Mes jours affreux qu'abrége un plus affreux trépas.
Perdez ce couple ingrat. Sa haine, qui m'opprime,
M'a contraint à la haine, et c'est son plus grand crime.
Que cette haine, amis, ne soit pas sans effet;
C'est peu de les punir pour le mal qu'ils m'ont fait;
Punissez-les surtout pour consoler la terre
De la perte du bien que j'espérais lui faire.
Dieux cruels! vous savez quel était mon dessein!...
Mes tourmens plus affreux renaissent dans mon sein...
Des criminels, grands dieux! quels seront les supplices?
Adieu, patrie, adieu!

AGRIPPINE.

Je meurs !

(*Elle se précipite sur le corps de son epoux, et y reste abîmée dans la douleur. Les groupes qui occupaient le devant de la scène se rapprochent et dérobent aux spectateurs la vue de ce douloureux tableau.*)

PISON.

Ses injustices,
Que la raison sait mettre au rang de ses malheurs,
Ne nous défendent pas de lui donner des pleurs.
Mais pas de désespoir : par sa mort imprévue
De soutiens la patrie est-elle dépourvue ?
Non, peuple : César vit. Citoyens et soldats,
A ma voix, à la sienne, oubliez vos débats,
Et de Tibère en moi respectant la puissance,
A son représentant jurez obéissance.
Qui peut faire hésiter vos cœurs irrésolus ?
Qu'attendez-vous ?

SCENE VI.

LES PRÉCÉDENS, SENTIUS.

SENTIUS.

Chargé de pouvoirs absolus,
Seigneur, Séjan lui-même arrive sur mes traces.

PLANCINE.

Séjan !

PISON (*avec la joie la plus vive.*)

Séjan ! Fortune, enfin je te rends grâces !
Que je reconnais bien ta faveur à ce soin
Qui donne à mes succès un semblable témoin !

SCENE VII ET DERNIÈRE.

LES PRÉCÉDENS, SÉJAN, *revêtu de la pourpre, accompagné de Licteurs, et dans tout l'appareil du pouvoir.*

PISON.

Favori de César, parlez ; faites connaître
Les ordres souverains de votre auguste maître.

SÉJAN.

Qu'on arrête Pison.

PISON.

Moi !

SÉJAN.

Traître envers l'Etat,
De ses lâches complots il doit compte au sénat.
Qu'il parte ; et vous, Romains, songez qu'en ces murailles
L'héritier de Tibère attend des funérailles.

PISON.

Qu'ai-je entendu ?.. Grands dieux !.. je suis trompé, trahi !
Séjan, mon crime est grand, Tibère est obéi...
J'échapperai du moins aux affronts qu'il m'apprête.
Dieux !... je suis désarmé !

MARCUS, *présentant son épée en détournant la tête.*

Tenez, mon père.

PLANCINE (*retenant Marcus.*)

(*à Pison.*) Arrête.

A ses conseils encore oses-tu te fier?
Quels moyens t'offre-t-il de te justifier?
Celui qu'un malheureux promis aux gémonies
Prendrait pour échapper à tant d'ignominies.
Le poignard à la main, te sauver chez les morts,
C'est prouver ta vertu bien moins que tes remords.
Nous, des remords! Pison, loin que j'en sois atteinte,
Je ne connais pas plus les remords que la crainte.
Quelque juge, après tout, qu'on puisse nous donner,
(*Séjan.*)
Fut-ce lui, sa rigueur nous doit-elle étonner?
Le sénat est encor plus facile à confondre.
S'il t'ose interroger, ne crains pas de répondre,
Et bientôt tu verras tant de sévérité
Se changer en terreur devant la vérité.
Bien plus, si la fureur du parti qui t'opprime
Parmi tant de hauts faits croyait trouver un crime,
Fût-il prouvé, Romain, songe qu'un attentat
Que t'aurait commandé le salut de l'état,
Doit conduire au triomphe et non pas au supplice;
Et qu'enfin César même est ton premier complice.

AGRIPPINE. *A ces mots elle perce la foule qui l'environne; on voit le corps du prince.*

L'ai-je bien entendu? Monstre d'iniquité!
Quoi! vous osez compter sur quelqu'impunité!
Tremblez! je vis encore; et ce dernier outrage
Avec le sentiment m'a rendu mon courage.

Et vous, que cet espoir vient surtout accuser,
Amis, que tardez-vous à les désabuser?
(*La foule qui cachait le corps se sépare.*)
Voilà Germanicus! sur sa bouche expirante
Avec son dernier souffle elle est encore errante
Sa voix, sa faible voix qui de votre amitié
Réclamait à la fois et vengeance et pitié!
Vengeance! était-ce donc à des honneurs futiles,
A des brandons baignés de larmes inutiles,
Romains, que se bornaient les vœux de votre ami?
Ce serait les trahir que les suivre à demi.
Vengeance! au tribunal qui déjà les réclame,
Poursuivons, accusons, perdons ce couple infâme!
Vengeance! la justice est prête à les frapper.
A sa rigueur comment pourrait-il échapper?
D'un côté, mes amis, c'est un rebelle, un traître
Qui, pour se disculper calomniant son maître,
Veut épouvanter ceux qu'il n'a pas convaincus;
De l'autre, c'est le sang du grand Germanicus.
Est-il un cœur si dur qu'il nous puisse être injuste,
Et voir, sans s'attendrir, les petits-fils d'Auguste,
Les fils du plus aimé, du plus grand des Romains,
Et sa veuve éplorée, une urne entre les mains,
Mettre aux pieds du sénat, dans leur douleur profonde,
Une image du deuil qui va couvrir le monde.

VERANIUS.

De ces devoirs sacrés si nous nous écartons,
Malheur à nous!

AGRIPPINE.

Jurez!....

LES AMIS DE GERMANICUS, *étendant la main sur son corps.*

Nous le jurons !

AGRIPPINE.

Partons !

SÉJAN, *sur le devant du théâtre.*

Applaudis-toi, Séjan, des malheurs de la terre;
La joie, en ce moment, te sied mieux qu'à Tibère.

FIN.

Sur Germanicus

Comment siffler Germanicus
cher Baron, si j'en crois l'histoire
il eut des talents, des vertus,
servit son pays et la gloire.
des héros des siècles passés
jeune encore il grossit la liste..
cher Marquis, on m'a dit assez,
il fut un peu Bonapartiste.

Autre

Comment Germanicus finit-il dans l'histoire?
est-ce par le lacet le fer ou le poison?
c'est un point indécis, mais on commence à croire,
qu'il a fini par le bâton

Gaz. de Fr. 26 Mars 1817 N° 85.

VARIANTES.

Voici comment la dernière tirade de Plancine a été dite au Théâtre Français, pour la rapidité de la scène.

Arrête !
A ses conseils encor oses-tu te fier?
Toi mourir ! Ah ! vivons pour nous justifier.
Viens, Rome et le sénat nous restent pour refuges,
Viens, et les accusés feront trembler leurs juges ;
Et nous verrons bientôt tant de sévérité
Se changer en terreur devant la vérité.
Et que craindre après tout? Le parti qui t'opprime
Parmi tant de hauts faits dût-il trouver un crime,
Pas de remords ; Romain, songe qu'un attentat
Que t'aurait conseillé le salut de l'Etat,
Doit conduire au triomphe et non pas au supplice,
Et qu'enfin César même est ton premier complice.

www.ingramcontent.com/pod-product-compliance
Lightning Source LLC
LaVergne TN
LVHW020421230826
846091LV00004B/1351

* 9 7 8 2 3 2 9 4 7 5 9 8 1 *